VÍSTETE PARA TRIUNFAR

■

HADA MARÍA MORALES

GRUPO NELSON
Una división de Thomas Nelson Publishers
Desde 1798

NASHVILLE   DALLAS   MÉXICO DF.   RÍO DE JANEIRO   BEIJING

Editorial 10 Puntos es una división de Grupo Nelson
© 2006 Grupo Nelson
Una división de Thomas Nelson, Inc.
Nasvhille, TN, Estados Unidos de América
www.gruponelson.com

Diseño: Grupo Nivel Uno, Inc.

ISBN: 0-88113-007-9
ISBN: 978-0-88113-007-2

Impreso en Estados Unidos de América

3ª Impresión

CONTENIDO

Dedicatoria 5

Introducción 7

PRIMERA PARTE

Capítulo   1   La actitud 13

Capítulo   2   Las metas 17

Capítulo   3   Lo importante y lo demás 21

Capítulo   4   Cómo llenar sus adentros y sus afueras 25

Capítulo   5   Organización, organización, organización 29

Capítulo   6   Capaces de decir ¡NO! 33

Capítulo   7   Empiezo y termino mi día con un ritual 37

Capítulo   8   Control del tiempo 41

Capítulo   9   ¿Quién dijo temor? 45

Capítulo 10   Mejore su manera de hablar 49

Capítulo 11   Sea un excelente compañero de trabajo 53

Capítulo 12   Celebre sus victorias 57

SEGUNDA PARTE

Capítulo 13   En busca del éxito 63

Capítulo 14   Prepárese para la entrevista de trabajo 67

Capítulo 15   La imagen, su carta de presentación 71

Capítulo 16 La primera impresión 75

Capítulo 17 Cómo venderse a sí mismo 79

Capítulo 18 El lenguaje corporal 83

Capítulo 19 El arte de escuchar 89

Capítulo 20 El espacio vital 93

Capítulo 21 Cómo vestirse para una entrevista

de trabajo 95

TERCERA PARTE

Capítulo 22 Cómo solicitar empleo 111

Capítulo 23 Cómo analizar la descripción del trabajo 115

Capítulo 24 Cómo elaborar un buen resumé o currículo . . . 119

Capítulo 25 Métodos de entrevistar 131

Capítulo 26 Cómo conducirse en una entrevista

de trabajo 137

Capítulo 27 Preguntas que le puede hacer el entrevistador

durante la entrevista 141

Capítulo 28 El proceso de evaluación 151

Capítulo 29 Cómo establecer una red de contactos 155

Capítulo 30 Cómo llevar el control de sus entrevistas 159

Capítulo 31 Cómo manejar el estrés 165

Capítulo 32 Cómo manejar situaciones de acoso

en el trabajo 169

Capítulo 33 Elabore un presupuesto 175

Capítulo 34 Palabras con poder 181

Conclusión 185

Acerca de la autora 187

Este manual es dedicado de manera especial a todos aquellos que a pesar de estar atravesando uno de los momentos más difíciles de sus vidas, como lo es el desempleo, están dispuestos a mantenerse en pie, a escuchar y poner en práctica los consejos sencillos plasmados por la pluma de la autora que día a día extiende su mano a cada uno de los que visitan su oficina en busca de orientación para obtener empleo de una manera eficiente.

A todos aquellos valientes que buscan su primer empleo o van en pos de una oportunidad para mejorar sus vidas y las de sus familias.

No puedo dejar de mencionar a esas mujeres que han tomado la decisión de formar parte de la fuerza laboral que mueve la economía de sus naciones y llevan el pan a sus mesas.

Con todo mi corazón, sólo deseo que el propósito de este libro sea cumplido… motivarlos a ustedes, mis amados lectores, a que dejen de pensar con mentalidad de desempleados a fin de que logren pensar y actuar con mentalidad de empleador. ¡Adelante!

Me encanta la fábula acerca de un hombre que, en la época de la gran depresión, buscaba desesperado un trabajo. En su afán vio un anuncio en el que solicitaban un trabajador en el zoológico de la ciudad. Así que al llegar a la entrevista le ofrecieron la única posición disponible: que se disfrazara de gorila porque el animal que tenían había muerto y mientras conseguían otro debían llenar la vacante. El hombre rechazó la oferta de inmediato, pero la necesidad que tenía y la escasez de trabajos eran tan grandes que finalmente aceptó suplantar al simio.

Una vez disfrazado y confinado a su jaula descubrió las ventajas de aquella labor: tenía comida abundante, podía dormir lo que quisiera y, además, era el centro de atracción del público. También descubrió que tenía habilidades para hacer piruetas en el aire como un verdadero trapecista. En eso estaba precisamente, imitando al gorila, cuando uno de los saltos que hizo fue tan grande que aterrizó en la jaula del león.

El felino —rugiendo de alegría— se acercó a su presa, mostrándole sus fauces y colmillos; y comenzó a rodearlo para abalanzarse sobre él y devorarlo. El susto del hombre disfrazado de gorila fue tal que entró en pánico y empezó a rogar en voz baja: «Dios, por favor, ¡sácame de aquí!» Estaba a punto de gritar aterrorizado cuando el león, también en voz baja, le dijo: «¡Cálmate hombre o los dos perderemos el trabajo!»

La vida —al contrario de ese relato—, no es una fábula, es una historia real. Una historia en vivo y a todo color. Pero como en la primera, la segunda tiene sus escenas tragicómicas. Igual que en la fábula mencionada, cada persona enfrenta el reto de obtener un trabajo que le ayude a concretar los sueños de su vida y, en última instancia, le permita sobrevivir. Aunque esto último sea lo que el común de las personas alcanza, es lo primero —la materialización de los sueños— lo que logran los verdaderos triunfadores.

Y justamente, el propósito de este libro es nada más y nada menos que ¡ayudarle a convertirse en un triunfador! ¿Suena sencillo? ¿Acaso lo es? De sobra sabemos que en esta vida y, especialmente, cuando estamos determinados a lograr un objetivo como lo es conseguir un empleo de acuerdo a nuestras habilidades y necesidades financieras la cosa no es tan fácil, aunque... si contamos con herramientas sencillas y prácticas como las contenidas en las páginas de este libro, le aseguro que su camino a la meta no solamente será menos difícil sino placentero.

Hoy, cuando intentamos conseguir un trabajo, sabemos que en la misma posición de nosotros hay cientos de aspirantes, pero muy pocos con actitud de triunfadores.

Convertirnos en el candidato ideal requiere que cambiemos nuestra mentalidad compasiva hacia nosotros mismos dejando de vernos y declararnos como los «pobres desempleados». ¡No y mil veces no! Este libro le ayudará de manera determinante y efectiva a que piense ¡como un empleador!

¿Por qué como empleador? Porque aprenderá a conocer cómo piensa y qué espera su futuro jefe. Y si usted está debidamente entrenado, podrá realizar una entrevista de trabajo en una posición muy favorable ante el empleador. El reto está ahí, la oportunidad de conquistarlo también.

Debo decirle que no es suficiente que tenga el conocimiento y la experiencia, hay otros elementos igual de importantes que contribuyen a establecer la diferencia entre una entrevista de trabajo exitosa y una desastrosa. Si quiere que conozcan esas habilidades, conocimientos y experiencia, debe tomar en cuenta la actitud, la preparación y la apariencia personal.

Una entrevista de trabajo es casi como una obra de teatro y ningún actor que se precie de ser un triunfador dejará de lado los detalles. Mi amigo, el actor de esta obra magistral es usted y el primer acto empieza desde que estaciona su auto en el estacionamiento del lugar de la entrevista. Las escenas continúan hasta que la obra concluye cuando se cierra el telón. Eso ocurre el día que usted firma su contrato.

No se conforme con un «trabajito», dese la oportunidad de tomar este libro como un boleto hacia el éxito para lograr ese trabajo que tanto desea.

Entonces, ¡decídase a ser el protagonista estelar de esta obra! ¡El momento es ya!

PRIMERA PARTE

La actitud

Esta es la característica que determina el éxito de la persona cuando persigue un objetivo. Básicamente el individuo debe escoger libremente una alternativa: actitud de ganador o actitud de perdedor.

La actitud del ganador es la disposición para alcanzar metas. El ganador, en primer lugar, no anda por los rincones lamentándose de lo que no logró en el pasado sino que ocupa su tiempo y energías en manejar sabiamente su presente para poder alcanzar el futuro. No olvida nunca que este lo determina su presente.

Del pasado sólo recoge las experiencias negativas que lo hicieron crecer con el propósito de usarlas como enseñanzas y «luces rojas» para no caer en los mismos errores.

El ganador no desestima los detalles y tampoco es de los que se aferra a los métodos tradicionales. Este tipo de personas son innovadoras y ponen a trabajar su *creatividad*. Casi siempre tienen mentes ágiles y son capaces de aprender con facilidad.

¿Es el ganador un «dechado de monerías»? ¡Por supuesto que no! Pero como sabe dónde está su talón de Aquiles, busca y encuentra la manera de salir adelante.

Una de las cosas más sobresalientes de todo aquel que tiene una actitud de ganador es que puede perdonarse a sí mismo y a los demás, es compasivo y echa fuera todo el tóxico que deja el resentimiento.

Otra característica de una persona con actitud de ganador es la *humildad*. Posee un espíritu enseñable mientras que el perdedor, como está lleno de soberbia, no es capaz de extender la mano para que lo ayuden y por ello sólo se hunde más y más.

La persona con actitud de ganador no se detiene a pensar en lo que le hace falta sino en los recursos que posee, así sean pocos, para utilizarlos de manera inteligente y provechosa.

Muchas personas pierden gran parte de su vida «ancladas» en lagos de recuerdos amargos donde se zambullen «recreándose» en su desgracia. Como resultado de ese estancamiento emocional su estado de salud se perjudica y sus finanzas colapsan. Todo su entorno es afectado… negativamente, por supuesto.

De sobra sabemos que el mundo va cada día en un deterioro galopante pero, ¿justifica eso una actitud de derrota? ¡Claro que no! Me resisto a detenerme en mi camino —el cual tiene propósito—, para ponerme a lloriquear en los rincones y convertirme en una «difusora de pesimismo».

Estoy convencida de que cada ser humano tiene el poder para influenciar a otros, si no repase un poquito la historia de la humanidad y verá cuánta gente con mente malévola ha llevado a sus naciones al borde del abismo. Cómo una gran mayoría se une, casi sin darse cuenta, a las filas del mal simplemente porque los líderes han encontrado el talón de Aquiles de las personas; que por lo general es una actitud negativa con tendencia al mal.

Pero, ¿sabe, mi amado lector? Conozco a alguien que desde su perspectiva perfecta —a quien algunos tal vez señalen como un derrotado porque lo ven colgando de un madero, y aun cuando la tierra sea totalmente indiferente a Él—, nos ha dado las armas para marcar la diferencia: Una actitud de vencedores.

Me imagino que la actitud de las personas, sea negativa o positiva, nace de lo más íntimo de sus corazones; pero es como esa piedrita que tiramos en una laguna y al caer provoca una onda expansiva. Imagínese esto aplicado a los frutos de una actitud positiva, cuán refrescante y alentadora es para la persona que la posee y al mismo tiempo cuán beneficiosa es para los que están a su alrededor.

Son millones las cosas que dependen de nuestra actitud y, ¿sabe qué? Si está buscando trabajo o una oportunidad mejor en la vida es mejor que ahora mismo analice sus pensamientos. Ellos le darán un reporte perfecto. ¡Así sabrá si es un ganador o un perdedor!

La búsqueda de empleo o de una oportunidad de superación en la vida depende de nuestra actitud.

Yo me desempeño ayudando a las personas en su búsqueda de empleo y puedo decirle que he desarrollado una especie de «radar» para saber quiénes en verdad encontrarán ese trabajo en menor tiempo; y no cualquier trabajo, sino el que ellos están buscando; y puedo decirle que el termómetro del éxito es la actitud.

Problemas y dificultades siempre los habrá, es inevitable; pero podemos decidir qué actitud tomar para salir adelante en la vida.

¿Es usted un ganador? ¿Es un perdedor?

¡TODO ES CUESTIÓN DE ACTITUD!

Las metas

Una vida sin metas es una existencia que se mueve según sopla el viento y esto lo digo con tristeza, pues hay demasiadas personas en este planeta que viven aquí aunque sus mentes están en la luna.

No puedo imaginarme mi vida sin pautas a seguir, no es lo mismo tener sueños para alcanzar que metas para trabajar. Podemos tener muchos sueños fantásticos, hermosos, extraordinarios, espectaculares pero, si no nos trazamos metas reales para alcanzarlas, estos sueños no serán más que eso: ¡sueños!

De soñadores está cundido el mundo. Van de un lado a otro con sus ideas fabulosas, pero al final no logran nada pues para hacer de un sueño una realidad se necesita primero decisión y disciplina, además de valor para no huir al primer rugido del león.

El requisito indispensable para fijar metas es conocer el propósito de nuestras vidas y este es el punto de partida para establecer las pautas a seguir y las metas a lograr.

Por lo general cuando vemos a un triunfador nos impresionamos por sus éxitos, pero pocas veces nos detenemos a pensar que para llegar a la cúspide esa persona tuvo que establecer metas, examinándolas y sometiéndolas a un proceso de evaluación periódica que le indicara las decisiones que debió tomar para poder convertir ese sueño, esa idea, esa ilusión, ¡en REALIDAD!

El proceso es sencillo, no hay grandes secretos ni fórmulas complicadas, sólo una mente clara y dispuesta a poner en orden sus ideas para establecer el camino a seguir.

Cada vez que le digo a alguien que escribo, la respuesta común es que «quieren escribir un libro», por lo general uno sobre sus vidas. Y pienso que hay muchas vidas que merecen ser contadas, pero mis interlocutores en ningún momento me dicen: «Hada, ¿cuánto tiempo tuviste que dedicar en este proyecto y cómo estableciste tus metas?» Sólo ven el producto terminado y creen que eso es todo... ¡Si supieran cuánto hay detrás de un libro! Es un enjambre de personas trabajando de manera ardua para que un día el autor se pare delante de un grupo de personas y diga algo así: «Este es mi libro... bla, bla, bla».

En la vida todo requiere esfuerzo, pero sin metas este se convierte en cansancio; ya que sin un «mapa» establecido paso a paso uno no llega a donde desea y, si por casualidad lo logra, está tan cansado y amargado que no lo disfruta.

Si hay algo en lo que estoy clara es que debemos establecer metas en nuestras vidas y no vivirla a lo loco. Además, debemos clasificarlas en metas de: corto, mediano y largo plazo.

Deben ser metas de acuerdo a nuestra realidad. Por ejemplo, yo no podría pretender estudiar una carrera de neurología que me tomará quince años o más porque ya no tengo edad para ese estudio tan largo, además que no poseo talento para la medicina.

Pero pude estudiar una carrera corta de Recursos Humanos, pues sabía que podía llegar a la meta y de acuerdo a mis habilidades era una especialidad que además de gustarme tenía la capacidad para desarrollarla, aunque por mis limitaciones del idioma tuve que esforzarme más que mis compañeros de clase. Es cierto, pero como sabía que podía lograrlo, no me dejé vencer. ¡Y lo logré!

Comience estableciendo metas sencillas y fáciles de alcanzar —las de corto plazo—; al lograrlas esto le motivará para moverse a alcanzar otras un poco menos sencillas —las de mediano plazo—, y si persevera le serán de gran soporte para alcanzar las de largo plazo.

Perdóneme por lo que le voy a decir, pero conozco personas que andan por la vida como el conejo tras la zanahoria. Caminan y caminan y nunca alcanzan lo que se proponen pues con gran «emoción» se trazan metas complicadísimas, que desde el «arranque» van destinadas al fracaso.

La vida no puede vivirse sólo con emociones y sueños fabulosos. Debemos soñar, pero también actuar, trabajar y perseverar. Si usted es una persona que nunca ha logrado sus metas por falta de visión y perseverancia, no se desanime, esta es su oportunidad.

Vaya a un lugar apartado y pida la dirección del Espíritu Santo para poder hacer un recuento sincero y honesto de su vida. Luego pídale que le haga saber cuál es el propósito de su vida. Reconozca con humildad sus limitaciones y con alegría cuente sus talentos; luego tome un papel y un lápiz y escriba:

METAS A CORTO PLAZO

Deje un espacio y escriba una fecha probable para lograrlas

_____

_____

_____

_____

METAS A MEDIANO PLAZO

Deje un espacio y escriba una fecha probable para lograrlas

_____

_____

_____

_____

METAS A LARGO PLAZO

Deje un espacio y escriba una fecha probable para lograrlas

_____

_____

_____

_____

No se olvide nunca que Dios nos trajo a habitar la tierra con un propósito hermoso y que Él tiene sueños y metas con cada uno de nosotros. Recuerde que nos bendijo con talentos específicos, por lo tanto fíjese metas alcanzables y de acuerdo a su realidad.

Y sobre todo *persevere* y no tema, que no hay quien planche, ¡adelante!

Lo importante y lo demás...

CAPÍTULO 3

Por muchos años tuve que escuchar pacientemente a alguien muy cercano a mí que para todo decía: «¡Es urgente!» Esa frase se hizo tan trillada que perdió todo significado para mí, dejándome un saldo tan rojo que ya no sabía qué era importante y qué no lo era. ¡Qué días aquellos! Gracias a Dios que puso cordura y criterio en mi razonamiento para poder llevar mi vida de manera menos «bomberil», es decir, apagando fuegos. ¡En un estado de alerta roja!

Está de más decirle que aunque ya la palabra urgente había perdido su connotación no dejaba de correr por todo. Era algo casi automático, las sirenas de mi cerebro se activaban con una rapidez tremenda. Aunque relato esto a manera de chiste, vieran que ¡hasta la sonrisa se había dado de «baja» de mi rostro!

Poco a poco, después que el Señor, que es también sosegado y está siempre al control, me fue mostrando el orden de jerarquía en todas las áreas de mi vida, y empecé a delinear esa raya invisible entre la razón y el caos. En buen nicaragüense: ¡Entre la «chiripiolca» y una actitud sosegada!

Mis amigos, esto se aplica a todas las áreas de nuestra vida, siempre habrá asuntos que necesitan ser atendidos de inmediato; pero no por ello vamos a andar con la sirena activada. He aprendido a vivir en el tiempo de Dios y por ello he recibido mi dosis de sabiduría para aprender a seleccionar sabiamente lo importante y lo demás.

Todavía no lo logro al ciento por ciento, pero sé que Aquel que comenzó la buena obra en mí, la terminará. Sigo cometiendo errores de «selección», pero cada día el saldo en rojo se reduce.

Constantemente motivo a la mujer a que alcance sus metas, porque más que los caballeros nos quedamos a medio camino ya que a todo le damos el título de importante. Fuimos educadas con la idea de que la familia depende de nosotras, ¡pero estamos fallando al no formar hijos independientes! Hay asuntos importantes que tenemos que considerar, pero hay otros que entran en la categoría de los demás.

Cuando estamos en esa etapa un poco difícil de buscar empleo, si no ponemos atención a lo importante, el tiempo se hará más largo y la travesía más ardua.

Si bien es cierto que no hay que dejar detalle desatendido cuando uno anda buscando empleo, no lo es menos que debemos de pedirle a Dios que nos ayude a no divagar en pequeñeces que nos desviarán el enfoque y nos dé fuerza para salir adelante lo más pronto posible.

Clame por sabiduría al Señor y Él con más que complacencia se la dará. Pídale camionadas de sabiduría, todos la necesitamos; este es un tiempo en el que el enfoque para lograr nuestro objetivo y que nos «borren» de la lista de desempleados es determinante. Aprenda a calificar lo importante y a deslindarlo de lo demás.

¡Buen viaje!

¡URGENTE!

¡IMPORTANTE!

PARA DESPUÉS

CAPÍTULO 4

Cómo llenar sus adentros y sus afueras

Por lo general, es más fácil llenar nuestros «afueras» porque muchas veces no hay lugar para llenar nuestros «adentros», ya que todos los espacios interiores están ocupados por cosas que no son importantes y que malgastan y hasta contaminan esa vida interior que es invisible aunque se deja ver.

El mundo de hoy es uno de imágenes y de velocidad. Todo lo queremos ya y a la perfección. Las compañías compiten entre sí prometiéndonos todo en tiempo récord y nosotros, los atribulados consumidores, caemos en su trampa. Lo peor es que muchas veces lo único que nos deja eso es estrés y productos innecesarios.

Vamos a las tiendas y llenamos nuestros clósets de más y más ropa. Llenamos nuestra refrigeradora de más y más golosinas. Llenamos nuestras manos de más y más anillos. Llenamos nuestras casas de más y más adornos. ¿Y nuestra vida interior? Muy bien gracias, ¡está más sola que la una!

Esta es la realidad de la gente de hoy, sacia su vida exterior y llena sus adentros con ansiedad y preocupación. Pero, para colmo de males, llenar su apariencia de manera compulsiva vacía las carteras y engorda las deudas, ¿qué le parece?

Si analizamos nuestro interior, veremos quiénes moran allí. Una vez que lo sepamos podemos determinar la jerarquía de nuestras prioridades.

¿Son acaso, uno o varios de los siguientes, sus huéspedes?

_____ El temor   _____ La frustración

_____ La angustia   _____ El odio

_____ El deseo de tener y tener   _____ La envidia

_____ La inercia

_____ La vanidad desmedida   _____ La soberbia

_____ La ansiedad   _____ La mentira

_____ El resentimiento

Si tiene varios de los anteriores o todos, tiene casi un ¡hotel de males! Pero no se aflija, hay esperanza. Si quiere, puede desalojar de su interior a todos esos huéspedes tóxicos.

Podemos llenar nuestros adentros con los siguientes huéspedes de honor:

_____	Humildad	_____	Decisión
_____	Visión	_____	Determinación
_____	Valor	_____	Gozo
_____	Dominio propio	_____	Paz

¡Y más! A medida que trabaje en cómo llenar sus adentros, todas esas raíces de amargura darán espacio para alojar todo lo bueno, todo lo santo, todo lo digno y todo lo hermoso que nuestro amado Padre tiene para nosotros.

En vez de llenar nuestros afueras con objetos y deudas, podemos llenarlos con una vida sana, alimentándonos bien, durmiendo lo suficiente, haciendo ejercicios no sólo para lograr una figura bonita sino para sentirnos bien y con energías para seguir luchando.

Podemos llenar nuestros afueras con jarrones llenos de flores, con libros, con la ropa necesaria y adecuada sin caer en excesos. Si eso hacemos, forjaremos un ambiente agradable a nuestra vista, de modo que nuestra existencia tome la justa medida y el equilibrio entre lo que realmente amerita ocupar un lugar en nuestros adentros y en las cosas externas nos haga vivir mejor. Una vida más agradable y llevadera; por supuesto, ¡sin excesos!

CAPÍTULO 5

Organización, organización, organización

Hemos oído hasta el cansancio, a los agentes de bienes raíces, decir que a la hora de comprar una propiedad la clave es: localización, localización, localización. Lo sé muy bien pues mi esposo es corredor de propiedades, tanto comerciales como residenciales, y conoce su negocio.

Si la organización no es uno de nuestros «atributos» naturales, tenemos la responsabilidad de disciplinarnos para poder vivir de manera organizada; si no lo hacemos, nada que emprendamos —aunque sea con entusiasmo— podremos llevarlo a feliz término.

No estoy hablando de metas ni logros extraordinarios, pues estos —sin una agenda diaria— serán solamente sueños que terminarán en amargura.

Vemos las grandes figuras —aun en el ambiente religioso— que logran levantar grandes ministerios, pero le aseguro que detrás de esas campañas y obras hay horas y horas trazando y organizando un plan de acción; no sólo para esa determinada actividad sino para ¡TODO!

El día a día organizado es lo único que puede funcionar para poder lograr lo que tanto soñamos; las metas son sólo ideas garabateadas en un papel. Por ello si no se elabora una estrategia *organizada* no podremos decir en determinado periodo: «¡Lo logré!»

En este capítulo le invito a que detenga su lectura por un momento y examine la manera en que desarrolla su día:

¿Está tratando de hacer alguna gestión y debido a los «imprevistos» que le asaltan en su camino no logra solventarla definitivamente?

¿Tiene otro asunto sin arreglar porque siempre hay algo que se le «opone»?

Debo decirle que yo fui una de esas «enredadas» en las manecillas del reloj y en montañas de proyectos y papeles. Hasta que no fui sincera conmigo misma y me di cuenta de que la raíz de todos mis males era la desorganización no pude salir adelante.

Hay personas que con el cuento de que «Odio la rutina» desperdician su día y su vida, de modo que cuando menos acuerdan están más enredadas que un grillo en una madeja de lana.

Siento decirle oficialmente que gracias a una rutina es que miles y millones de seres humanos a lo largo y ancho del globo terráqueo han podido salir adelante y alcanzar el éxito. ¡Yo soy una de ellas! ¿Cree usted, mi amigo lector que sólo tengo que trabajar y escribir?

¿Le parece poco?

Pues agárrese duro, también lavo, plancho, cocino, me ocupo de mi jardín de mariposas y muchas cosas más. ¿Superchica? ¡No! Solamente organizada y consciente de que mi capital es mi tiempo y que mi día tiene, al igual que el suyo, ¡veinticuatro horas rígidas! No de chicle ni de plastilina.

¡Basta! ¡Alto! De ahora en adelante hágase de una agenda y sea dueño de su tiempo.

Las personas en camino al éxito, como usted y yo, no contamos con alguien que nos organice nuestra agenda personal; somos nosotros mismos los responsables de nuestro tiempo y de la sabiduría con la que lo manejamos.

Si emprendemos un camino organizado, quizás un día llegaremos a tener a esa persona que maneje nuestras actividades. Mientras tanto debemos poner los pies sobre la tierra, darnos cuenta de que el día sólo tiene veinticuatro horas y que si no hacemos algo ¡ya! para organizar nuestra *vida diaria,* nos quedaremos a medio camino diciendo comentarios como el que afirma: «Ay, es que a mí no me da tiempo ni de respirar».

No se va a morir por no poder respirar, sino todo lo contrario, morirá de asfixia por la «desorganización»; por estar todo el tiempo nadando en piletas de recibos acumulados, papeles que resolver y decisiones urgentes retrasadas.

¿Es una de esas personas? ¿O ya decidió dejar de serlo?

Si es así, a partir de este momento y en la hoja que le hemos dejado en blanco escriba lo que debe realizar de inmediato, de modo que organice su día de manera sensata y productiva.

Corra a comprar su agenda. Así sólo falte un mes para terminar el año, no es tarde para cambiar su vida, el día del cambio llegó, es hoy. ¡Adelante!

CAPÍTULO 6

Capaces de decir ¡NO!

A veces, por quedar bien con todo el mundo, nos metemos en unos enredos que cuando salimos de ellos nos recriminamos a nosotros mismos diciendo una y otra vez: «Debí haberle dicho que no...»

Puedo decirle con sinceridad que me cuento entre los «lesionados» por no saber clasificar las actividades y compromisos en los que me involucro. Pero gracias a Dios que para eso son las experiencias negativas, para pensar y no volver a caer en lo mismo. Aunque a veces somos tan débiles que no tenemos fuerza suficiente para decir no de manera amable, y acabamos amargados y frustrados.

¿Le ha sucedido eso alguna vez? Si me dice que no, entonces está viviendo en otro planeta. Y debo felicitarlo, pero si es un ser común y corriente como yo, entonces estamos en la misma página y juntos le hallaremos el remedio a este síndrome de querer quedar bien ¡hasta con el gato!

Esos desatinos pueden ser desde un pequeño favor hasta cosas importantes; seamos serviciales y amables, pero no al punto de andar como Superman ayudando a todo el mundo hasta caer exhaustos. Aunque creo que Superman no sufría de cansancio. Todo en la vida tiene un orden de prioridades y es en ese orden que debemos pensar antes de contestar un sí casi irresponsable.

Debemos ser asertivos. Esta cualidad no es automática, se aprende a veces a punto de golpes; pues cuando no tengo el valor de decirle no a algo que la conciencia grita que debía negarme a hacer o colaborar recojo frutos amargos.

Es ahí cuando me siento muy tonta y frustrada. Imagínese, ya la luz roja se había encendido, pero como me creía la mujer maravilla salí al rescate y como resultado «aterricé» con la capa agujereada y el pelo despeinado y como si fuera poco con mi conciencia gritándome: «Te lo advertí y no me hiciste caso, la próxima vez…» Es entonces cuando me dan ganas de ponerme literalmente ¡un bozal!

Debemos atrevernos a decir no. Esto no significa que seamos insensibles, debemos hablar claramente aunque sin ser necesariamente agresivos ni ofensivos; podemos hablar con aplomo y al mismo tiempo con amabilidad.

Hay personas que viven con agendas atiborradas de actividades porque el complejo de «Chapulín Colorado» los domina y lo más grave de todo es que como tienen tantas cosas en las que se han comprometido a «colaborar», todo lo que hacen es de una calidad pobre, por lo que viven en un caos.

¿Sabe qué? Hay muchos vivos en los trabajos que identifican al que quiere ser «estrella» y, ni cortos ni perezosos, se ganan su voluntad y se aprovechan para recargarlos de tareas y deberes que ellos deben hacer. Por eso, a veces, el vivo vive del bobo.

En los seminarios que imparto para búsqueda de empleo también les hablo a los aspirantes de situaciones que pueden presentarse cuando ya estén empleados. Y si para buscar un trabajo e ir a la entrevista se necesita sabiduría, le aconsejo que *clame por una doble porción* cuando empieza en el nuevo empleo.

Sé que entiende perfectamente lo que le estoy diciendo. Ojo, sea prudente, observe y, sobre todo, pídale a Dios que le dé capacidad para ser un empleado excelente y sabiduría para cuando tenga que decir que no.

Usted no está llamado a estar en todo, no tiene por qué ser el florero de cada escritorio y menos decir a todo que sí, ya que si se satura de actividades no lo harán precisamente el empleado del mes. Estará tan agotado que su calidad de producción así como su salud mental y física también se verán afectadas.

Llegar a ser asertivos no se aprende de la noche a la mañana. Requiere tiempo para desarrollar esa habilidad, que no es otra cosa que sabiduría para caminar acertadamente por la vida.

Si aprende a decir no en el momento correcto, no le estará faltando el respeto a los demás; ni por ello perderá su aprecio, todo lo contrario, será considerado sabio. Con esto no quiero decir que a todo debe decir que no; colabore, pero no tanto que le haga sentirse agotado y miserable.

Una vez que se sienta seguro y libre para decir «Sí» o «No», sabrá que está en el camino a una vida equilibrada y con paz interior; lo que se reflejará en su trabajo y todo su entorno será afectado positivamente.

Con todo lo anterior aprendido, ¿es capaz de decir «No»? Sólo usted sabe la respuesta.

CAPÍTULO 7

Empiezo y termino mi día con un ritual

No, no se me asuste aquí. No me estoy refiriendo más que a una rutina para comenzar o concluir nuestra jornada diaria. Sé que usted es de los que se levanta como un bólido para llegar a tiempo al trabajo. Puede ser que hasta lo hallan premiado como el «empleado más puntual» de la oficina pero, ¿a costa de qué?

No me mire con ojos de asustado y menos con ganas de... ¡no! Esto es sólo para que piense un poco sobre lo importancia de dedicarse unos minutos cada día a usted, ¡sí!, leyó bien, ¡a usted!

Tengamos clara conciencia de que aun cuando Dios creó nuestros cuerpos con una precisión y perfección impresionantes —tal que ni la mejor máquina puede compararse con la obra de sus manos—, no nos pensó como tales. Nos puso su Espíritu en nosotros para hacernos diferentes. Por lo tanto, si una máquina necesita aceite y mantenimiento; usted necesita tiempo para sí mismo, ¡no lo dude!

Puedo decirle que las mañanas en que no tengo tiempo para mi devocional veo los resultados negativos, no por una rutina solamente sino porque cada día estoy sometida a presiones tan grandes como: el tráfico de la ciudad donde vivo, resolver asuntos familiares, laborales, etc. Y sin ese tiempo a solas con el que me ama más que nadie, recibo los embates del día con menos ventaja; a veces regreso a casa como una «araña fumigada».

Le invito a que se levante un poco más temprano y se regale ese tiempo para usted. Lo necesita, es indispensable. Tal vez al comienzo le cueste dejar ese lecho tibiecito; pero si se propone hacerlo, cada vez va a ser menos difícil ver los resultados tan hermosos que Dios tiene reservados para usted.

De igual manera le insto a que no se «sumerja» en la cama con el último aliento de vida, ¡no! Tome de nuevo unos minutos para limpiarse su rostro, prepare su ropa para el día siguiente, dele un beso a sus hijos y ore entregándole su descanso a Dios, estas pequeñas cosas marcan la diferencia.

No se vaya a la cama con un tazón de helado y viendo las noticias. Si se descuida sólo tendrá sueños sobresaltados y no sería nada extraño que por dormirse sin lavarse los dientes un ejército de hormigas comandadas por el radar de una cucaracha le despierten de un buen susto.

Empiece su día con su Señor y ciérrelo con Él.

Yo soy una persona muy rutinaria, pero es la manera de poder manejar mi deficiencia de atención. Es lo que me ha dado resultados para poder anotarme victorias en mi camino.

Cada día estoy en pie a las cinco de la mañana, tomo un buen baño, me visto con ropa de ejercicios, limpio los desastres de los visitantes nocturnos a mi cocina que, dicho sea de paso, son anónimos, mmmm... y salgo a darle de comer a los pájaros. Si me da tiempo, le doy una regadita a mi jardín; le pongo la comida a mi perrita, oro, preparo mi almuerzo para llevar al trabajo —porque hay que cuidar la salud y el bolsillo—, me preparo mi café y a las seis estoy en la mesa del comedor con mi devocional. A las 6:30 salgo a mi caminata de oración al campo de la universidad, regreso, me alisto y a las 7 a.m. estoy en el carro camino a mi trabajo. Una hora de «feliz» recorrido entre chóferes desesperados y desenfrenados. Pero las prédicas y la música de la radio alivian mi tiempo al volante.

Llego a mi oficina y antes de bajarme del auto inclino mi cabeza orando y declarando:

«En el nombre de Jesús, declaro que ningún arma forjada ni ninguna lengua se levanta hoy en contra mía. Señor, dame tu gracia y fuerza a mi mano para servir a todos los que pongas delante de mí. Amén».

Y me subo al «patín» de mi trabajo...

Regreso a casa, me subo al patín de mamá y ama de casa...

Termino mi jornada, me bajo del patín y cierro mi día dando gracias a Dios y leyendo algo de un libro o de su Palabra.
Buenas noches, hasta mañana...

ESTABLEZCA UNA RUTINA PARA CÓMO COMENZAR Y CONCLUIR SU JORNADA DIARIA

CAPÍTULO 8

Control del tiempo

Uno de los tesoros menos estimados es el tiempo. Las personas colocan en cajas fuertes sus joyas y documentos, pero ese valor tan grande como lo es el tiempo lo dejan descuidado y lo pierden de manera irremediable.

¿Se ha puesto a pensar cuánto tiempo ha pasado desde que cumplió quince años? ¿Cuánto hace que su hijo era sólo un bebé? Con eso es suficiente para darnos cuenta del tiempo transcurrido e inmediatamente sacar cuentas respecto a en qué lo invirtió. A muchos el resultado les dará un saldo en rojo.

Me espanta pensar que un día esté en mi mecedora del ancianato con mis manos vacías y pasándome por la mente una película de las oportunidades perdidas por no haber sabido usar el tiempo y los talentos que Dios tan generosamente puso en mis manos. ¡Oh, eso sí que no! Yo seré una viejita con recuerdos hermosos y con la cuenta de mi tesoro, el tiempo, con saldo positivo.

Pero eso depende de cómo esté consciente hoy de la manera en que invierto mis horas, mis días, mis semanas, mis meses y mis años. No me cansaré de decir que mi futuro está escondido en mi presente. En otras palabras, en la manera en que uso HOY mi tiempo.

Estamos claros respecto de que los días se acortan entre el estrés y las presiones de la vida. La semana se va como un suspiro y cuando menos acordamos otra vez es lunes. Cuando eso me pasa y reviso mi agenda de cosas por hacer y un cincuenta por ciento de esas tareas está sin terminar, me siento mal pues no son cosas inalcanzables. Y lo peor es que no hice tales cosas por negligencia y mal manejo del factor tiempo, por lo que me quedo a mitad del camino.

Me gustaría que todas las personas se sintieran mal por desperdiciar el tiempo. Me encantaría que tomaran conciencia de que si hay algo irrecuperable, ¡eso es el tiempo!

Hay oportunidades que sólo se dan en un momento determinado y si no las aprovechamos es posible que sea muy difícil que se nos presenten de nuevo, ¿le parezco pesimista? No, sólo quiero que piense…

Cuando estamos desempleados, nuestro capital más preciado es el tiempo. No hay que desperdiciarlo, pues así como avanza el reloj se acumulan las cuentas por pagar.

Si en cualquier momento es sabio manejar una agenda para controlar nuestro tiempo, en la etapa de la búsqueda de empleo la misma es vital. Si no hay un control inteligente en cuanto a cómo distribuiremos nuestro tiempo y recursos, cuando menos acordemos estaremos en un punto muerto y llenos de deudas.

Lo que menos deseo con esto que he escrito es verle haciendo un gesto de aprobación con la cabeza. Al contrario, levántese de esa butaca y actúe.

Este capítulo es para que reflexione y se vuelva objetivo y activo. No sirve de nada que se sienta incómodo por unos minutos y después regrese a lo mismo, a esa inercia tan terrible; y que literalmente el alma se le pasee por el cuerpo. ¡No!

Mi objetivo es que si hasta el momento no tiene una agenda, se compre una. Que si no tiene un calendario para anotar sus citas y cosas importantes, se compre uno y empiece ya.

Pero antes de que empiece a correr a buscar su agenda quiero que piense en lo siguiente: Clasifique sus asuntos pendientes en importantes y urgentes. ¿Cuál cree que debe atender primero?

¡Acertó! Lo primero es lo IMPORTANTE, luego va lo urgente.

No siempre lo urgente es lo que debe tener prioridad. Por ejemplo, es urgente que lleve mi ropa a la tintorería, pero es más importante que vaya primero a ver a mi abogado. Las dos tareas ameritan mi atención, pero la que debe tomar el primer lugar es la que requiere mayor atención y si eso implica tomar decisiones más aun; por lo tanto, debo visitar a mi abogado y luego ir a la tintorería.

Aprender este concepto me simplificó la vida, pues como podrá imaginarse mi vida está llena de actividades. Antes de conocer esto, para mí todo era urgente. Hoy en día puedo decirle que he aprendido a clasificar mis cosas y en qué poner mi atención y mis energías.

Le sugiero que al terminar de leer este capítulo anote, en la página que hemos dejado en blanco, dos columnas:
- Lo importante
- Lo urgente

Puedo asegurarle que algo tan sencillo como eso le simplificará su vida.

LO IMPORTANTE

LO URGENTE

CAPÍTULO 9

¿Quién dijo temor?

Uno de los dardos paralizantes que el enemigo lanza a quema ropa sobre las personas es el temor. No hay otra cosa que más detenga el deseo de continuar que eso, obviamente, el miedo.

Usted sabe que le estoy hablando porque, si es un ser humano como yo, lo habrá experimentando en algún momento; y es algo muy terrible, pues nos invade una sensación de impotencia que nos paraliza a tal punto que nos «anclamos» en el pozo de las lamentaciones. Y poco a poco nos vamos ahogando; no sólo eso, sino que arrastramos a los demás con nosotros.

Amado lector, no exagero pero, ¿sabe qué? Cuando conocemos el poder que hay en cada versículo recogido en el Libro de los libros, la Biblia; cuando nos percatamos de que está colmado de sabiduría y de VERDAD es entonces que nuestra actitud derrotista cambia.

Tal vez compró este libro con una visión completamente informativa; pero si no conoce ese hermoso Libro, lo invito a que lo busque y, en actitud humilde, reciba en su corazón toda esa fuente de valor y sabiduría que contiene. Sobre todo el amor y la *absoluta* certeza de que es *real*. Dése la oportunidad de combatir el temor que lo ha invadido por años dándole también la oportunidad a Dios de que cambie su temor por valor y *éxito*.

Cada día, por razones de mi trabajo, me enfrento con un dragón moderno llamado «desempleo». Estar desempleado es una de las situaciones más difíciles que enfrenta una persona. Es casi como estar enfermo; pues no sólo estamos con poca o casi nada de gasolina en nuestro tanque. La refrigeradora hace «eco», pues está vacía; el estómago casi pegado al espinazo; el cobrador haciéndonos la vida imposible y más.

Todas son situaciones reales pero… esto es casi nada en comparación con una actitud de derrota, esto sí es lo que le pone la tapa al frasco. Y es aquí, mi amigo, cuando entra en juego la determinación de creerle a Dios. ¡No hay opción!

Si bien es cierto que mi trabajo como consejera laboral es secular, Dios me ha dado la sabiduría para ayudar a las personas antes que nada en el aspecto interior. No soy una máquina de proveer información de empleo. Llevo en mi corazón el sello de la compasión y la ternura de Jesús, y así como a cada uno le asigna una tarea en el reino de Dios a mí me asignó esta área del desempleo y conozco que es lo que Él espera de mí. Por lo tanto no puedo ser sólo una oficial de un Departamento del Trabajo, sino que Él me da la gracia para proveer un servicio con amor e información.

Sé las limitaciones como empleada gubernamental pero… también conozco lo ilimitado de los recursos que Dios tiene. Imagínese, uno desde una posición secular, para brindarle ayuda a las personas con sabiduría, amor y hechos.

Una de las batallas más duras con las que me enfrento con cada desempleado que debo ayudar, es el desánimo y peor aun el temor de no salir adelante.

¡Oh, Dios! Si ellos pudieran entender que la fe activa tu corazón trayendo victoria y que el temor llama a gritos al mismo enemigo, que más que contento vendrá con su bomba difusora de temor y derrota «bañando» a todo aquel que no conoce este principio.

A veces me preguntan que cómo hago para sobrevivir a tanto bombardeo negativo y estar «sobre» la situación. Puedo responder con toda seguridad que la *gracia de mi Señor es la única que me llena de fuerzas para ayudar a las personas* primero en el área del temor y la derrota.

A veces no es fácil porque así como dicen que las iglesias son los hospitales del alma, las oficinas de empleo son los hospitales de las finanzas enfermas y los corazones agobiados. Puedo decirle que sus almas llegan en camillas y sus esperanzas a punto de oxígeno; pero el gran cáncer detrás de eso es el temor.

Oro cada día al Señor para que me provea la visión para batallar contra ese dragón llamado temor, que chupa la sangre del desempleado; y como Él es fiel me da los pasos a seguir durante las entrevistas con mis clientes. Es imposible para mí, ir al grano de la información. Primero los escucho con atención, con *amor,* y mientras Dios me va mostrando claramente la situación —indicándome cómo debo levantar a esa

persona—, créamelo, cada uno de los que pasa por ese pequeño cubículo —cuya decoración central es una escultura de
madera que dice: «Cree»—, sale diferente. No soy yo, sino la
unción y la gracia de Dios sobre los que le sirven. Eso es todo.

Por mi experiencia laboral, sé que contamos con grandes
recursos materiales para ayudarlo pero... si usted tiene
temor es mejor que *reflexione* y se atreva a cambiar y a *creer*
que nuestro Señor es la fuente de su provisión. Y si bien es
cierto que está pasando, dije pasando, por ese tiempo difícil,
esto no será permanente. En una situación de desempleo, aunque existan muchos recursos, si no se sacude el temor, poco
le servirán pues su mente estará nublada y su espíritu caído.

¿Quién dijo temor? ¿Usted? ¿Yo? ¡Por supuesto que no!

Decidimos echar fuera el temor, activar la fe y seguir
adelante con la gracia de nuestro Padre.

Como algunos saben, tengo segmentos de radio que se
difunden por muchos países y nunca cierro esos segmentos
sin este hermoso versículo, que he hecho vida en mi existencia: Nehemías 1.11.

«Señor, te suplico que escuches nuestra oración, pues
somos tus siervos y nos complacemos en honrar tu
nombre. Y te pido que a este siervo tuyo le concedas
tener éxito y ganarse el favor del rey.»

Le pido que lo lea y lo atesore en su corazón. ¡Y hágalo
vida en su vida!

CAPÍTULO 10

Mejore su manera de hablar

De la abundancia del corazón habla la boca y cuando esa boca es «respaldada» por un corazón colmado de rencores y veneno, es algo espantoso.

Son incontables las veces que vemos a una persona elegante y hasta de facciones hermosas y quedamos impresionados ante su presencia, pero qué desilusión cuando abre la boca y aun sin necesariamente decir palabras soeces su manera de expresarse y el tono agresivo de su voz nos hace apartarnos de ella.

En todas las etapas de nuestra vida debemos cuidar esa «piececita» tan pequeña de la perfecta máquina que es el cuerpo humano. Esa pieza que sólo la mano de un ser sobrenatural podía haber creado. Ese miembro del cuerpo llamado «lengua» debe de estar totalmente bajo control, pues es más que capaz de incendiar un bosque.

Para cambiar nuestra manera de hablar primero debemos transformar nuestra forma de pensar, ya que los pensamientos negativos despiden expresiones negativas o cundidas de pesimismo.

Recuerdo mi pasado y me doy cuenta de que mi modo de pensar ha cambiado desde que he estado expuesta a la sabiduría que emana del corazón de Dios. Sé que todavía me falta mucho, pero ya casi podría decir que tengo una lengua menos «volátil»; aunque confieso que a veces me cuesta ponerle freno, especialmente ante las injusticias pues no se por qué pero cada mujer lleva por dentro una abogada que desea defender las causas de todo el mundo.

Ya dije que en todo tiempo debemos tener control de lo que decimos, pero si usted está en la etapa difícil de la búsqueda de empleo le recomiendo que esté alerta de lo que declara y más aun con quién se junta para establecer declaraciones de sesgos negativos.

Durante la búsqueda de empleo lo que menos necesita es formar un «coro» de voces que canten al unísono lo terrible que es estar sin trabajo. Sí, es realmente terrible, y lo sé porque me desempeño ayudando a las personas desempleadas y puedo ver la tristeza en sus ojos y advertir la angustia de sus corazones. Pero, lo quiera o no, si quiere tener éxito buscando empleo debe cambiar su manera de hablar.

No es que vaya a entrar en negación, pues el problema está ahí, existe, las cuentas siguen llegando, hay que comer, pagar la luz, ponerle gasolina al carro pero… si no se pone firme y toma esto como una etapa de la vida, el estar rumiando y juntándose con otros desempleados como usted para lamentar cuán desgraciados son, entonces la situación se está tornando peligrosa.

Esto es un acto de valentía y hasta de supervivencia. Cada día que debo enfrentar el dolor del desempleado, dado que Dios me ha puesto un corazón sensible, oro al Señor que me dé sabiduría. Sin embargo, siempre es lo mismo: cuando los tengo delante de mí, no los agobio con palabras vacías sino que los dejo que se desahoguen y después de unos minutos, antes de ofrecerles las alternativas disponibles, les digo que las oportunidades de empleo que exploraremos serán como una semilla que colocaré en sus manos, la cual debe caer en tierra abonada por el optimismo y fe, si no de nada sirve.

Si bien es cierto que mi labor no es religiosa, no puedo verlo de una manera fría y calculada ya que tal vez esa sea la única oportunidad de que alguien haga reflexionar a la persona en lo que está pensando y diciendo. Y aunque yo pueda brindarle mil servicios, si no cambia su manera de pensar, de nada servirá; pues todo lo anulará con sus pensamientos y palabras derrotistas.

No mi amado lector, no pretenda que logrará su meta de un empleo si está negándose a sí mismo la oportunidad de una victoria. Y ¿sabe qué? El empleador percibe eso y ninguno quiere un derrotista en su personal. ¿Qué le parece?

Cuando uno busca empleo tiene que llenarse de valor para poner en el banco de datos de la mente todo lo bueno, todo lo digno y todo lo sabio. Tiene que echar a andar su creatividad y decirle a la mente: «Esta es una situación pasajera, no es la primera ni la última vez que tengo que vencer retos en mi vida. Haré un recuento de mis bendiciones y los recursos disponibles, y me niego *rotundamente a hablar de manera negativa»*.

Cuando nos expresamos de manera derrotista, nos restamos fuerzas para luchar y nos volvemos tan «repelentes» que hasta los que tienen la mejor disposición de ayudarnos nos huyen y, como le dije, el empleador tiene un olfato tan especial que sabe identificar un empleado que le conviene o no tener en su nómina.

Puede que esté «cruzando el Niágara en bicicleta», pero el empleador o el entrevistador no tiene por qué saberlo, y eso depende de usted.

En mi experiencia laboral he podido darme cuenta de que cuando hay un cambio de actitud en la manera de pensar y de hablar, las personas están más receptivas y dispuestas —y, por lo tanto, mejor preparadas— para su búsqueda de empleo. Gracias a eso esta etapa es más breve que para aquel que anda con bombos y platillos difundiendo su desgracia de que está desempleado.

Le dejo eso para que lo piense y, sobre todo, para que *actúe y ya*.

CAPÍTULO 11

Sea un excelente compañero de trabajo

Son más las horas activas que pasamos con nuestros compañeros de trabajo que con nuestra famila. Por tanto, no cree que valdría la pena preguntarse: ¿Cómo me ven mis compañeros de trabajo? ¿Soy capaz de ganarme el respeto y la consideración de ellos con mi actitud? Qué lindo sería que cuando alguien se refiera a usted lo describa como una persona especial. Que prodiga un trato amable y cortés a *todos por igual, desde el jefe hasta el encargado de la limpieza.*

Todos deben saber que usted es una persona que:

- No se apodera de lo ajeno, que devuelve rápido y en buen estado lo que le prestan.

- Es colaborador por excelencia con *todos sus compañeros* de trabajo.

- No se toma la libertad de llamar, por ejemplo, a sus compañeras de trabajo: «amorcito», «preciosura» y más.

- A quien se le puede hacer una confidencia puesto que no saldrá como un «cohete» a «informarle» al jefe «por el bien de la empresa». Conste que no me estoy refiriendo a tapar cosas graves que sucedan en la compañía y que el jefe las ignore. Me refiero que a veces, en las mismas oficinas, tenemos compañeros que llevan cargas y necesitan confiárselas a alguien.

- No tiene ínfulas de que es «íntimo» amigo del jefe.

- Respeta la vida privada de los demás y no hace preguntas impertinentes.

- Cuida su vocabulario y rechaza incluir en él las groserías que otros compañeros suelen usar para «comunicar» sus ideas.

- Cuando lo nombran supervisor no se «eleva» a la cuarta potencia ni ve a los demás desde su «puesto» con desprecio e irrespeto.

- No es un «fosforito» que se enciende y se enoja por cualquier cosa.

A veces las oficinas se vuelven «centros de información» pues los «boletines de última hora», que no son otra cosa que los rumores y los chismes, minan el ambiente.

Sea prudente. A veces es mejor pasar por distraído, que no se da cuenta de nada, que por el más «informado» de la oficina. Vivir en armonía y ser prudente, le hará ganar el respeto y el cariño de sus compañeros. Si bien es cierto que no está ahí para que le nombren el Señor Simpatía, las ocho y más horas que pasa compartiendo con personas que tal vez nunca antes había visto, le harán reflexionar para que adopte una manera de vivir responsable e íntegra.

¿Que esto suena imposible y que «huele» a perfección? Por supuesto que no, perfecto sólo es Dios; pero estamos llamados *a la excelencia*.

CAPÍTULO 12

Celebre sus victorias

Prometo que este capítulo será cortito. Le dejaré a usted a cargo del timón, mi amado lector. Poco a poco vamos experimentando cambios hermosos en nuestras vidas, por ejemplo yo estoy en el umbral de los cincuenta años y ya ciertas articulaciones a veces amanecen «rebeldes», por no decir otra cosa. Me miro al espejo y observo que una fina raya alrededor de mi frente ha llegado para quedarse, si no es que recurro en el futuro a mi amigo el cirujano, en fin, muchas «novedades».

Sin embargo, no son sólo en el plano físico. Aunque notemos un diente menos, un dolor nuevo, mil canas en plena batalla campal contra los pocos cabellos negros que aún se resisten a abandonar su cabeza; también hay novedades en el área de la casa interior.

La tristeza se ha mudado, el temor salió como un cohete, la ternura ha vuelto para quedarse, el optimismo es un motor alegre que trabaja día y noche, los ojos del alma iluminan los externos con una mirada refulgente, ¡a pesar de las arrugas! ¡Cientos de cosas hermosas y *victorias* ganadas!

Escribo esto y estoy que ya me suspendo como un cohete decembrino. Jamás admitiré que todo en la vida es gris. Aun a pesar de estar en plena batalla, hay victorias visibles, anótelas, cuéntelas y *¡celébrelas!*

¡Estamos vivos!

¡Levántese de esa butaca que ya tiene la forma de su cuerpo! Aunque no lo crea, ella es su ataúd en vida.

¡Sacuda esa pereza y ese luto! Busque, ande, busque dentro de sí mismo lo que le ha salido bien últimamente, aunque sea una cosita mínima, es *una victoria y ¡hay que celebrarla!*

Ande, no sea aguafiestas y vístase de fiesta.

Por favor, en el espacio que aparece en blanco —a continuación—, anote las batallas ganadas. Después vaya a la cocina, prepárese una taza de café o de su té favorito. No se lo tome en una taza convencional ni siquiera en su favorita, busque la mejor, esa taza que usa para las «visitas» o por qué no, una copa, y brinde con usted mismo a su salud, por las recientes victorias. Mi amigo, este es un buen comienzo para: *¡Celebrar* sus *victorias!*

LISTA DE BATALLAS GANADAS

SEGUNDA PARTE

CAPÍTULO 13

En busca del éxito

Para cada ser humano la búsqueda del éxito está basada en sus propios valores y en lo que es realmente importante para sí mismo. De este tema podríamos hablar horas y no dudo que hay cientos, si no miles de libros que tratan acerca del mismo. Sin temor a equivocarme, creo que podemos encontrar métodos que van desde los más sensatos y lógicos a los ridículos y hasta a los sin sentido.

En este libro, y en este capítulo específicamente, nos enfocaremos en el concepto de alcanzar el éxito hallando el trabajo que realmente deseamos. No es asunto de secretos sino de estrategias y preparación.

Me conmueve pensar en los millones de personas que trabajan cada día en puestos de trabajo que detestan y para los cuales a veces ni tienen habilidades para desempeñarlos ocasionándoles un esfuerzo y un nivel de estrés tremendo.

No es para soñadores pretender encontrar el empleo con el que están ilusionados, hallarlo es posible; pero para ello hay ciertos elementos que entran en juego:

- ✧ Debe identificar sus habilidades y destrezas.

- ✧ Explorar su carrera y aprender sobre las opciones posibles para avanzar.

- ✧ Definir su objetivo.

- ✧ Prepararse para la entrevista de trabajo.

- ✧ Aprender las técnicas para que la búsqueda de empleo sea en el menor tiempo posible.

- ✧ Preparar un resumé no sólo profesional, sino que sea concreto y atraiga la atención del empleador. Le recuerdo que muchas veces, si no la mayoría, el resumé llega antes que usted al entrevistador y dependiendo de cómo esté elaborado será la llave que abra la puerta para una entrevista con el empleador.

No dudo que posea cientos de habilidades, pero ¿se ha tomado el tiempo para analizar y hacer un inventario de ellas? Casi puedo asegurarle que las ha dado por hecho y restado importancia. Cada ser humano ha sido bendecido con habilidades, dones para poder desenvolverse en la vida. Hay personas que son diestras para todo lo que sea computadoras y tal vez casi inútiles para la carpintería. Algunos poseen gran habilidad para comunicar sus ideas, pero no le dé algún problema de matemáticas ya que les complica la vida. Son demasiadas las personas que llegan a las entrevistas de trabajo «desprovistas» de su cesto de habilidades para ofrecerle al empleador, ¡no lo tome tan a la ligera!

Hay agencias de gobierno que le pueden ayudar a pasar una prueba de habilidades y en base a eso podrá tomar la decisión de mantener o cambiar su enfoque en cuanto al trabajo que desempeña o desee desarrollar.

Explorar el campo laboral en su área de especialización, carrera u oficio es vital. Con este mercado tan cambiante no podemos sentarnos a esperar la jubilación. Tenemos que movernos al ritmo de la dinámica laboral. Sobre todo en nuestra carrera, estar al día con lo nuevo es indispensable. Por eso no hay que escatimar esfuerzos ni por un momento para participar en entrenamientos o cursos relativos a la misma.

Antes se decía, por ejemplo, que los médicos debían vivir leyendo e investigando para estar al día con la medicina. Hoy puedo decirle que esto se aplica a todas las carreras.

Apártese un rato de sus tareas diarias y deje a un lado la preocupación de la búsqueda de empleo para enfocarse en su objetivo. Eso le ayudará a ubicarse en un punto de partida y a elaborar su propio «mapa» del éxito. Considere las experiencias de los veteranos aunque sólo usted sepa qué es lo que persigue al tratar de conseguir tal o cual empleo.

Sé de alguien muy cercano a mí que empezó a trabajar en una empresa. Sabía que a él le pagaban mucho menos que lo que otros colegas suyos ganaban, pero necesitaba la experiencia y se sentía cómodo pues prácticamente estaba en una escuela. Su siguiente meta era trabajar en otra empresa similar, pero en la que no le darían oportunidad nunca si no tenía experiencia.

Hoy ya está trabajando en esa empresa, aprendiendo, ganando experiencia; pero con el horizonte puesto en otra compañía de las más grandes en el ramo, a la cual desea llegar. Aunque quiere ganarse ese puesto, sigue trabajando en la que está ahora. Esta es una persona con un objetivo claro; aunque el trabajo es arduo, se le hace menos duro pues elaboró su mapa del éxito.

Más adelante hablaremos del resumé, sólo puedo asegurarle que este documento es muy socorrido por los empleadores y es su carta de presentación. Por lo tanto busque la ayuda de los expertos, sólo son diecisiete segundos los que tiene para captar la atención del empleador.

Prepárese para la entrevista de trabajo. No pierda de vista que para esa misma plaza hay muchos solicitando la posición. Pregúntese a sí mismo: ¿Por qué el empleador debe tomarme a mí? Ensaye, ensaye y prepárese como el actor que debe dar una función de teatro. No menosprecie los detalles.

Estar desempleado genera en usted un nivel de estrés muy alto, entonces busque responsablemente las maneras sabias para que ese tiempo sea lo más breve posible.

Como verá, mi amado lector, el éxito no siempre es ¡cámara, luces, acción!

CAPÍTULO 14

Prepárese para la entrevista de trabajo

A unque no soy difusora del negativismo, es claro que hoy en día el campo laboral está muy competido. Por ello debe poner atención y especial cuidado en la manera en que se prepara para su tan ansiada entrevista de empleo.

En esta preparación entran en juego el espíritu, el alma y el cuerpo. Usted no puede enfocarse sólo en el resumé, su presentación personal, los detalles como los zapatos, la cartera, etc., es algo mucho más que eso, es estar en primer lugar con un ánimo en alto y la absoluta fe de que Dios cuida de los suyos y que no dejará avergonzados a los que en Él confían. Pero a usted le toca hacer su parte. No es porque Dios no sea poderoso ni omnipotente, sino que hay cosas que son nuestra responsabilidad.

Veamos… yo empezaría orando y clamando por la gracia de Dios. Particularmente no emprendo nada sin antes haber orado, como Nehemías (en Nehemías 1:11) cuando clamó con todo su corazón que Dios le diera «éxito a su siervo y que hallara favor delante de aquel varón», ese varón es su futuro empleador. Esto como consecuencia afecta en forma positiva el área del alma, la que se sentirá en control de sus emociones y aquí no se detiene el efecto de un espíritu confiado en Dios, físicamente se sentirá bien, ágil y sus piernas temblarán menos.

Cuando usted se está preparando para una entrevista de trabajo tome en cuenta las siguientes sugerencias:

- ✧ Revise que todos sus documentos estén en regla y disponibles para presentarlos al empleador.
- ✧ Que su resumé esté listo, limpio y sea profesional.
- ✧ Aprenda todo lo que pueda sobre la empresa.
- ✧ Practique los procesos de entrevistas.
- ✧ Prepare su lista de preguntas.
- ✧ Tenga listas las respuestas para las preguntas que el empleador pueda hacerle durante la entrevista.
- ✧ Evite comidas muy condimentadas.
- ✧ Absténgase de fumar.
- ✧ Lleve un buen lapicero, no hay cosa más fea que el solicitante le pida prestada la pluma al entrevistador. Eso da la impresión de que no sabe a qué fue a esa oficina.

✧ Prepárese mentalmente para preguntas poco agradables.

✧ Duerma sus ocho horas.

✧ Deje su ropa lista la noche anterior.

✧ Ensaye cómo llegar al lugar de la entrevista para calcular el tráfico a esa hora del día.

✧ Haga «dieta» de noticias, no se vaya a dormir con el noticiero de la noche.

✧ No se vaya con el estómago vacío, ni demasiado lleno, a la entrevista de trabajo.

✧ Evite los «murciélagos» emocionales que le restan fuerzas con sus comentarios trágicos o negativos.

✧ Deje el despertador listo, si su cita es por la mañana.

✧ Pregunte si en el sitio al que va hay estacionamiento suficiente o si tiene que pagar por estacionarse. Sería fatal que al llegar al lugar de la entrevista tuviera que buscar dinero prestado para pagar el estacionamiento.

✧ Evite todo aquello que le cause estrés, usted mejor que nadie sabe que conseguir una cita de trabajo requiere ardua dedicación.

✧ Arréglese las uñas.

✧ Si su cabello está «desteñido», ni se le ocurra ir a la entrevista con las raíces del pelo de otro color.

✧ Ponga un par de medias extra en la cartera, por cualquier «eventualidad».

Las sugerencias de esta lista serán de gran provecho. ¡Usted ya está en el camino al éxito!

CAPÍTULO 15

La imagen, su carta de presentación

Para empezar este capítulo debo decirle que debe echar al suelo estos refranes populares: «El hábito no hace al monje», «El mono, aunque se vista de seda mono se queda». En cuanto a cómo vestirnos para una entrevista de trabajo, *sí, el hábito hace al monje; y cuando usted viste de seda a un mono, este sigue siendo mono, pero un mono elegante.*

Aunque lo he expresado en forma chistosa, a la hora de una entrevista de trabajo usted, de ninguna manera, puede decir: «Bueno yo soy así, si les gusto bien, si no ellos se lo pierden».

Cuán equivocado está el que dice esto o qué poco informado está del mercado laboral, pues por cada posición de trabajo disponible hay muchas personas solicitándolo con el objetivo de obtenerla y no dude que harán lo que corresponda para lograrlo.

Le puedo asegurar que no estarán en una actitud de soberbia como esa de que «Yo soy así...», saben que no son la «última soda del desierto» y, si son sabios serán humildes y buscarán ayuda para prepararse para la entrevista de trabajo ya que, además de un resumé al punto, tomarán muy en cuenta la imagen.

La imagen no es nada superficial ni una expresión de vanidad. Hay cosas que ya están establecidas y, si quiere lograr un trabajo en un banco no se presentará a la entrevista con pantalones cortos y zapatos deportivos.

La manera en que nos vestimos y nos conducimos con los demás envía un mensaje de cómo somos. Se ha preguntado usted alguna vez: «¿Qué imagen proyecto a los demás como ser humano?»

Cuando mis estudiantes me preguntan qué es la imagen para mí, esperan una respuesta «floreada»; aunque dada a mi manera sencilla. Así que les contesto: «Bien, nuestra imagen se asemeja a un chocolate con una envoltura atractiva. Lo que está dentro de la envoltura es lo que nosotros somos pero... cuando alguien va a comprar un dulce muchas veces se impresiona por la presentación y se motiva a comprarlo».

La envoltura es nuestra imagen externa, nuestra apariencia. Esta incluye la ropa, el corte de pelo, si estamos impecables o más bien desgarbados o si somos enemigos del peine y del espejo. Por desdicha la primera impresión es recogida en la imagen que expresamos.

No le reste importancia a su imagen ni tampoco juzgue a la ligera, como que este asunto no es para usted pues es demasiado superficial. Le puedo asegurar que no es así. No quisiera verlo en una entrevista de trabajo vestido de manera inapropiada, pues pasará un mal rato. Todo tiene su tiempo, su lugar y su manera de presentarse.

Usted no tiene que proyectar que es un «figurín» andando, pero tampoco que su estilo de vestir quedó «congelado» en los años ochenta. Se puede vestir de manera contemporánea sin peder la elegancia.

Permítame recordarle que no tenemos una segunda oportunidad para causar una excelente primera impresión. En su búsqueda de empleo es mejor que «aterrice» sin violencia: La imagen es importante como parte del «paquete» que queremos presentar a nuestro futuro empleador.

¡Piénselo y actúe!

CAPÍTULO 16

La primera impresión

La capacidad de comunicación es importante para causar una buena primera impresión, y con esto no me refiero precisamente a las palabras, es el conjunto de *todo* lo que somos nosotros.

La primera impresión consiste en lo siguiente:

✧ 55% de imagen
✧ 38% el tono de voz
✧ 7% las palabras

¿Ha oído esto antes? Yo no, hasta que por ese constante y dinámico aprendizaje tratando de ayudar a otros en su búsqueda de empleo lo supe. Casi me desmayo cuando vi ese 55%. Por lo general hemos creído que las palabras son las que determinan esa buena impresión, pero si no lo cree vea a los políticos cuando están en campaña. Tienen un enjambre de asesores de imagen porque saben que la manera en que se proyecte a los demás es de vital importancia, las palabras no son suficientes.

Sé que esto no es totalmente justo, pues a veces sacamos conclusiones a la ligera cuando vemos a una persona y suponemos que su imagen proyecta su inteligencia, sus habilidades y más.

A mis estudiantes les hago este ejercicio: Busco entre mis compañeros de trabajo algo con lo que ellos no estén familiarizados y cierro la puerta del aula. Luego le digo a un «escogido» que toque la puerta y al abrirle inmediatamente les pido, a uno por uno de los participantes en el seminario de imagen, que me expresen la impresión que les causó la persona y qué profesión creen ellos que tiene. Cada vez que realizo esta dinámica, es asombroso observar lo que cada uno opina.

Para causar una buena impresión considere estas sugerencias:

⬥ Siéntase seguro de sí mismo, sin soberbia, sino preparado.

⬥ Entre con sus manos libres para saludar sin ningún contratiempo.

⬥ Sonría.

⬥ Seguro que está nervioso, pero «reduzca la velocidad», respire profundo y entre pausadamente.

✧ Nunca meta las manos en los bolsillos. Aunque ahora, en los anuncios de televisión, eso es algo usual que la persona que está comunicando o vendiendo tenga una de sus manos en el bolsillo del pantalón, es terrible. Digan lo que digan se ve fatal.

✧ Revise si su ropa está impecable, la nitidez sí causa una excelente impresión. Llegue totalmente «vestido». No cometa el error de estarse anudando la corbata o de untarse saliva en sus dedos para acomodarse el pelo.

✧ Sea puntual.

✧ Contacto visual.

✧ Sea el primero en ofrecer la mano.

✧ Dé un apretón de mano firme, no una «llave demoledora».

✧ No salude con besos.

Si es importante afirmar la primera impresión, sellarla al despedirnos no deja de ser menos relevante. No pierda de vista lo siguiente: «La manera en que los demás nos perciban puede cerrarnos o abrirnos puertas».

CAPÍTULO 17

Cómo venderse a sí mismo

Sí, leyó bien. Usted debe saber cómo venderse a sí mismo. Usted es su propio agente «artístico». En primer lugar, sea sincero y viva en integridad, pues esa será su plataforma de lanzamiento. Al conducir su vida de una manera recta se sentirá seguro de poder venderse, por ejemplo, delante del empleador. Trate de no hacer algo que después, estando a solas, lo llene de vergüenza; así nadie lo haya visto.

Una de las razones por las que me he dado a la tarea de preparar este libro y mis segmentos de radio, tanto local como internacionalmente, es para que dejemos de pensar como desempleados y pensemos como empleador. Aprenda a ponerse en los zapatos de este último.

Para ser un vendedor exitoso de un producto llamado (su nombre y apellido) es necesario estar convencido que tiene mucho que ofrecer. Su futuro empleador lo verá como un paquete: su actitud, su preparación y su apariencia personal. Estos son los recursos que usted debe usar para promoverse con éxito.

Debemos reflejar lo que queremos vender, tener un poder de persuasión para que ese futuro empleador «compre» nuestras ideas y quede convencido de que es a uno y no a otro que debe darle el empleo.

Sin triquiñuelas, pero con sabiduría y habilidad, podemos salir de esa entrevista de trabajo con el empleo en la mano. A veces no sólo bastan las palabras para convencer a alguien sino que entran en juego el apretón de manos, la forma de expresarnos oral y corporalmente, nuestros gestos.

Nunca me cansaré de enfatizar que usted está delante de un profesional de Recursos Humanos con experiencia y provisto de un «olfato» muy fino para saber a quién debe o no dar el empleo.

Jamás exagere sus cualidades y sea muy cauteloso para no caer en mentiras y que lo que escribió en su resumé sea respaldado por la verdad. He visto caras desencajarse cuando lo que dicen para «apabullar» al empleador no concuerda con el resumé.

Que su resumé, su actitud, su preparación, su lenguaje corporal y sobre todo su sabiduría sean las armas para poder venderse a otros. ¡Tanto que usted mismo quiera comprarse!

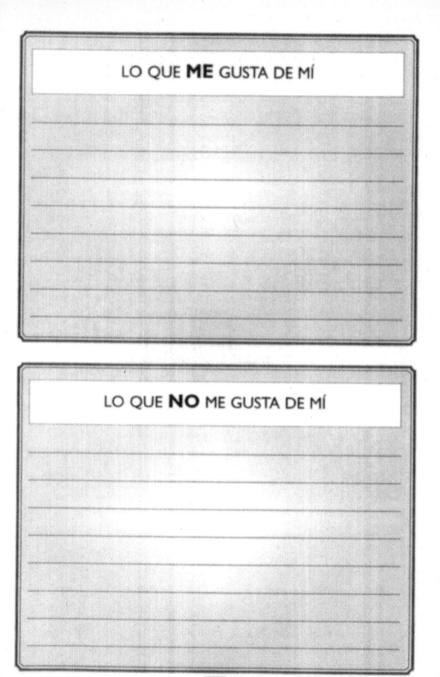

LO QUE **ME** GUSTA DE MÍ

LO QUE **NO** ME GUSTA DE MÍ

LO QUE ME GUSTARÍA **CAMBIAR** DE MÍ PARA MEJORAR

CAPÍTULO 18

El lenguaje corporal

No todo se dice con palabras. Son infinitas las veces que estamos tratando de expresar algo con nuestra voz, pero los gestos de nuestro cuerpo están diciendo lo contrario o invalidando nuestros planteamientos. Hay que tener mucho cuidado con esto.

Veamos un ejemplo muy común:

—Hola, ¿cómo está, señora Pérez?
—De maravillas, señor Talavera.

Pero la señora Pérez tiene una cara de «velorio» y, aunque trata de mostrar entusiasmo, su voz muestra que está encorvada y con los brazos caídos. ¿Cree que la señora Pérez está de maravilla? Sólo imaginándome esta imagen se que la señora Pérez está cualquier cosa menos que de maravilla.

El lenguaje no verbal es, diría yo, lo primero que advierte el entrevistador. Los movimientos, parpadeos y gestos indican cómo anda nuestro interior.

Además de nuestra imagen exterior, el empleador estará muy atento a nuestra expresión corporal y, ¿sabe qué? Desde que damos la mano empieza el análisis. Por ello, ese primer contacto con el empleador debe ser visual y con una mano enérgica.

Olvídense las damas de que no deben estrechar la mano con energía, eso es una idea llena de moho. Claro que no va a triturarle la mano a la otra persona, pero si de una manera que trasmita seguridad. Son muchas las imágenes que se desvanecen cuando recibimos un saludo con un apretón de manos tipo «mantequilla» o «gelatina».

Si es de los que da sólo la punta de los dedos, es mejor que empiece a ensayar con alguien que pueda «medirle» su saludo, el cual debe ser cordial pero con energía. Como digo yo en buen nicaragüense: «Que se note que comió frijoles», ¡puro hierro!

Otra manera de manifestar nuestra seguridad y la más económica de promover nuestra imagen es la sonrisa. No es que esté «celebrándole» todo al empleador, pero una sonrisa amable y natural es señal de calidez y seguridad. Las carcajadas a «mandíbula batiente», por otro lado, son inapropiadas en una entrevista.

Sé que el tiempo de espera en la recepción de una oficina antes de la entrevista es casi insoportable, por lo tanto es mejor que lo utilice para revisar sus documentos. Y si es fiel creyente, ore en silencio. Bueno, eso es lo que hago antes de pasar a las entrevistas de radio o televisión pues, aunque haya mucha gente a su alrededor en ese momento, uno está muy solo. Es casi como ir al patíbulo. Por ello trate de no ponerse «simpático» con la recepcionista, ni hable hasta por los codos.

Conozco empleadores para los cuales la recepcionista es casi como un «colador». Desde su puesto estratégico, ella envía «señales» al entrevistador. Así que Dios guarde que ella envíe un mensaje como este: «Señor Navarro, ya llegó el próximo candidato a la posición. Me ha puesto los nervios de punta, pues no deja de hacer ruidos con el movimiento de sus dedos en la mesa y habla hasta por los codos, prepárese...»

Este tipo de «reporte» lo hará ir en desventaja. Trate de estar lo más relajado posible y nada de «tintinear» los dedos ni mover como desesperado las piernas y, muy importante, «apague» su lengua.

Al entrar al cuarto u oficina de la entrevista, demuestre entusiasmo y, por favor, mantenga sus manos libres de celulares y llaves para que pueda extender una y mirándole a los ojos le diga al empleador algo así como: «Buenas tardes (si es de tarde). Soy Hada María Morales, gracias por la oportunidad de concederme esta entrevista».

Ni por chiste se siente antes que el entrevistador lo invite a sentarse, ellos toman en cuenta este detalle de cortesía.

Entre a su entrevista en actitud de triunfador, erguido, sostenga la mirada en alto aunque vaya a solicitar un trabajo en una funeraria. El dueño no querrá emplear a una persona que entre arrastrando los pies y, casi como un muerto andando, muestre inseguridad y pesimismo. ¿Cuándo ha visto a un triunfador caminar «contando» los ladrillos, todo encorvado y con un cartel que diga: «No me den el trabajo»? Cuando encuentre uno me avisa...

Importante: No esté acomodándose el pelo cada dos segundos ni menos haciendo gestos con la boca o peor aun llevándose los dedos a la boca, así tenga un pellejito a punto de sacarlo de quicio. Así es la vida, cuando más necesitamos estar al control algo se cruza por el camino atentando en contra de nuestra atención, pero … usted es más inteligente que eso y sabe de *sobra* que debe estar *enfocado* y ¡Por eso lo logrará!

Nada de confiancitas como palmaditas a su entrevistador. No pierda la perspectiva, usted no está ahí para hacer amistad. Manténgase en el plano profesional, así el entrevistador trate de ponerlo a usted en una posición relajada. ¡Ojo! Tanto su actitud, su resumé, sus palabras y su lenguaje no verbal deben estar en armonía.

Veamos lo que dice nuestro cuerpo.

¿Qué trasmito cuando tengo mis manos en la cadera y saludo con la palma hacia abajo? Control.

¿Qué comunico cuando mis movimientos son inquietos, mis manos sudan congeladas y parpadeo constantemente? Nerviosismo.

¿Y cuando consulto el reloj a cada rato, miro hacia «ninguna parte» y balanceo el pie sin parar? Hastío.

¿Cuándo enrojezco como un tomate, cruzo las piernas, arrugo mi ceño, cruzo los brazos? Desacuerdo y hasta enojo.

¿Qué mensaje envío cuando sonrío con malicia y me toco las orejas constantemente? Falta de integridad.

¿Y cuando me balanceo constantemente o me rasco la cabeza? Que me den más tiempo pues no se qué hacer.

¿Qué dejo saber cuando mantengo contacto visual, saludo con la mano firme y muestro una sonrisa calida y amable? Seguridad y honestidad.

Esto es apenas una muestra de los mensajes que se envían con el lenguaje no verbal. ¡Ojo!

¡Alto! No piense que esta autora está exagerando, que esto es mucho para una sola persona. Tal vez sea así, pero eso no lo podemos cambiar; y cada vez que pueda le haré recordar que «Debemos de pensar como empleadores».

LA SONRISA

¡Vamos mi amigo, sonría! ¿Qué es esa cara de circunstancia con la que se esconde para mostrar seriedad? Sonría, inténtelo ahora, relájese y puede ser todo un personaje, pero ¡no sea tan tieso!

Tener una expresión rígida no le da a una imagen de persona confiable e importante. Este es uno de los errores más comunes, especialmente en el mundo de las finanzas y los negocios. Todo tiene su lugar, pero la sonrisa es algo que nunca está fuera de lugar.

La sonrisa es un acto de sencillez y de *humildad*. Es una manera cálida de decirle a otra persona que usted es accessible y que desea que se sienta bien.

Observe la manera en que una persona importante sonríe. Dejar ver su lado amable le hace ganar más respeto y admiración por parte de los demás.

No puedo dejar de decirle lo siguiente: Sea cual sea su nivel cultural, intelectual, económico, etc., si usted es una persona cálida, capaz de *sonreír*, este sencillo acto le traerá simpatía y abrirá más puertas.

En la agencia gubernamental en la que me desempeño, el jefe de distrito como tal tiene un cargo importantísimo y de gran responsabilidad. Sin embargo, no hay quien mencione su nombre que no lo relacione —más que con su alta posición dentro de la organización—, con su actitud amable y su cálida sonrisa. Eso lo hace accesible y le abre las puertas de los corazones de sus empleados, que nos sentimos bendecidos de estar bajo la jerarquía de un hombre supercapaz y con un corazón que posee el regalo de su sonrisa para compartir con sus subalternos. En realidad, esta no es una pose que adopta por habilidad gerencial, sino que él es realmente así, un ser humano sencillo, *humilde*, que todo el tiempo está dispuesto a ayudar al empleado; dando como resultado un gran rendimiento laboral.

Una simple sonrisa desencadena muchas cosas positivas.

Una persona capaz de sonreír revela a alguien especial, ya que el acto en sí es espontáneo. Nadie nos pone una pistola en la sien para que mostremos nuestros dientes. Si así fuera, no sería una sonrisa genuina sino una mueca.

Estamos cansados de ver en la televisión sonrisas de «cemento». No somos bobos, señores. Sabemos reconocer una sonrisa genuina.

Todo el que es capaz de regalar una *sonrisa* es una persona especial, fuera de serie, extaordinaria. ¿Por qué? Porque dentro de esa persona hay un corazón capaz de amar y ser amable con los demás. La sonrisa es la manera más económica y eficaz para «promover» nuestra imagen.

Cuando vaya a su entrevista de trabajo, además de todas las sugerencias que encontrará en este libro, *vista y engalane su rostro con una sonrisa amable*.

Créamelo, será una excelente carta de presentación.

CAPÍTULO 19

El arte de escuchar

E s muy fácil hablar, pero escuchar es un arte que debemos aprender. De lo que escuchemos dependerá lo que debemos responder. A veces uno tiene la sensación de que está tratando de comunicarse con alguien en un idioma extraño o que tal vez uno no tiene la capacidad suficiente para darse a entender y lo que realmente sucede es que nuestro interlocutor no nos escucha.

Sin embargo, la manera de expresarnos no sólo es a través de las palabras. Estas deben estar respaldadas por lo que expresamos con nuestro cuerpo. Así que además de «poner» oído al mensaje oral, parte del arte de escuchar es ser buenos «intérpretes» del lenguaje corporal.

Todo el mundo está más que ansioso, desesperado por trasmitir sus ideas. Pero si nos detenemos un poco, observaremos que como todos están esperando que usted respire para ellos «entrar» en la conversación nos daremos cuenta de que nadie está escuchando.

A veces noto que en ciertas ocasiones de lo único que estoy pendiente es de que me den un chance para hablar y en vez de poner atención estoy ensayando lo que voy a decir o cómo voy a defender mi punto de vista. Esto, de hecho, ya pone en desventaja el canal de comunicación que llevará al entendimiento.

Soy una persona con un nivel de atención muy bajo, por ello debo disciplinarme para concentrarme en lo que las personas me están tratando de comunicar. Es bastante duro para mí, pero me obligo a mí misma —por cortesía— a enfocar mi atención en la conversación. Eso me ha ayudado a no «meter la pata» con tanta frecuencia.

Cuando uno no capta la atención de alguien es desesperante. Las personas que no escuchan, además de mal educadas son aburridas y egoístas. El mensaje intrínseco de su falta de atención es: «¡Cállate!, no me interesa en lo más mínimo lo que me estás diciendo».

Uno no es tan tonto como para no darse cuenta de que la otra persona pone cara de interés, aunque la verdad es que le importa un bledo lo que le estamos diciendo.

Es muy reconfortante cuando uno habla con alguien que no sólo le escucha con sus oídos sino con el alma y el cuerpo. Descubrimos a un ser humano capaz de ponerse en los zapatos de otros. Y si eso es lo que deseamos para nosotros, entonces también mostremos atención a los demás *escuchándolos*.

¡Oh, cuán sabio es el Señor! Nos dio dos oídos y una sola lengua! ¡Al buen entendedor pocas palabras!

Disfruto mucho cuando encuentro un buen conversador, las horas pasan casi inadvertidas. El buen conversador se interesa sinceramente en lo que le estamos diciendo, evita ser el centro de la conversación, no se concentra en males mayores o menores, ni del juanete que le duele cada vez que llueve; tampoco se aferra a los malos presagios, todo lo contrario, sabe hablar de los temas de actualidad aunque sin «anclarse» en lo trágico.

Jamás tendrá usted que estar con una calculadora para sumar los precios de las cosas que compra, la reputación de alguien, está fuera de su conversación y también temas tan delicados como la orientación sexual y más.

Hace un tiempo realicé un segmento en la televisión y recuerdo como si fuera hoy que lancé al aire esta pregunta: «¿Quiere ser un buen conversador?» Entonces lea, infórmese, no tiene que ser una biblioteca ambulante; pero al menos maneje temas de actualidad, asuntos generales. En ocasiones he «tragado» petróleo cuando alguien me pregunta dónde queda Nicaragua.

Si en una simple conversación social es importante saber escuchar, en una entrevista de trabajo toma una importancia vital. Se está jugando su futuro cada vez que tenga que responderle al empleador. Por tanto, no pierda de vista que el objetivo de haberlo citado a una entrevista es para saber más de usted. Así es que más le vale «ser todo oídos y poca lengua».

¿Cómo cree que podrá tomar una decisión tan importante como la de aceptar o no el trabajo que le ofrecen si no presta la debida atención cuando el empleador le habla?

Hay personas que han aceptado cosas en los trabajos que por no poner atención se han arrepentido, sin poder echar el reloj hacia atrás.

Por ello, aunque una entrevista de trabajo es suficiente razón para estar nervioso, apague su lengua y encienda sus oídos. ¡Escuche!

CAPÍTULO 20

El espacio vital

Esta es una de las cosas en que hago más énfasis en mi vida, guardar la distancia es importante en todo tiempo y más aun en una entrevista de trabajo.

Cuando alguien que no es cercano a mis afectos se me acerca demasiado e invade mi territorio, me siento incómoda. Hay personas que sin malicia se acercan demasiado a otras, por ejemplo, para contar una anécdota, se vuelven casi insoportables pues uno se siente hasta intimidado.

Cuando está en una entrevista de trabajo este espacio vital no debe ser invadido en ninguna de las vías. No tiene por qué casi intimidar al entrevistador inclinándose o acercándose demasiado a él, esta no es una manera inteligente de persuadirlo; todo lo contrario, usted se verá como un confianzudo y casi puedo asegurarle que no le darán el empleo. A ningún jefe le gusta sentirse invadido.

Hoy en día se usa mucho que el entrevistador lo deja a usted unos minutos solo en su oficina, pero no se confíe; lo hace con el propósito de observar «a larga» distancia cuál es su comportamiento. Cuando lo dejen solo, no se ponga a «husmear» en las pertenencias del empleador, ni se dé permiso para ver sus fotos y otras cosas que él o ella tienen en el escritorio.

Así se quede solo no se mueva de su silla, haga como que está revisando el resumé, ni se le ocurra «emprender» una excursión por la oficina pues se llevará un chasco. Sé de personas que casi tienen ganada la entrevista, pero cuando los dejan solos a propósito se ponen a pasar revisión de todo objeto personal del entrevistador. Esto les resta puntos, a nadie le gusta que le invadan su territorio.

CAPÍTULO 21

Cómo vestirse para una entrevista de trabajo

Además de una actitud de ganador y un buen resumé para una entrevista de trabajo, debemos preparar y cuidar nuestra apariencia externa.

Según el tipo de trabajo que vayamos a solicitar, así debemos vestirnos. Por ello es oportuno darse una «vueltecita» por la empresa para ver como visten los empleados; por ejemplo, si va a trabajar en una oficina de abogados debe asistir a la entrevista vestido de una forma profesional. Si va a solicitar una posición de trabajo en la «industria liviana», como son los trabajos en almacenes y mecánica entre otros, no requiere que se vista de saco y corbata; pero sí de una manera casual, ya que eso no tiene nada que ver con la facha.

Un pantalón caqui con una camisa de cuello, unos zapatos casuales aunque no deportivos, sería apropiado para este tipo de trabajos.

Así esté solicitando trabajar en una fábrica no debe presentarse a la entrevista con pantalones cortos, playera y zapatos deportivos.

Hay un regalo de oro y es ¡la nitidez!

El empleador deduce que si usted es capaz de cuidar su persona, también lo será de cuidar la empresa. A ninguna persona le gustaría contratar a alguien descuidado y sin buenos hábitos de higiene.

Por favor, no use perfume. Usted no sabe qué grado de tolerancia tenga la persona con la que va a entrevistarse. Nunca se sabe si precisamente la fragancia que usted usa le produce alergia o bien le trae recuerdos dolorosos. Hay perfumes que las personas llevan y en vez de atraer repelen. Mucho ojo con esto. El que tal vez nuestros recursos sean limitados no nos da luz verde para no saber las reglas del buen vestir.

Les voy a hablar de ciertas reglas básicas para lucir mejor:

Número uno: Cuando nos vestimos de colores sólidos, no debemos combinar más de tres de ellos. No necesitamos «mostrar» el arco iris.

Número dos: No recargue su imagen. Acuérdese que no sólo cuentan las piezas básicas, sino también los accesorios. No más de siete materiales al vestirnos.

Número tres: No use más de tres accesorios al mismo tiempo. Para el caballero, su reloj y su anillo de casado es lo ideal. Para las damas, por ejemplo, un collar de perlas, unos aretes pequeños de perlas, el reloj y no más de un anillo en cada mano.

Número cuatro: Use el mismo color si se siente cómodo o cómoda con su chaqueta azul marino. Combínela con una camisa de tonos pastel o con rayitas finas que hagan juego con ella, un pantalón caqui y la corbata —que tenga algunos de esos colores—. Esta combinación sin la corbata también pueden usarla las damas.

Otra cosa que entra en juego en cuanto a la apariencia es usar la ropa de acuerdo a las proporciones de su cuerpo y de su talla correcta. No use ropa apretada porque no se sentirá nada confortable. Entre los nervios de una entrevista y el terror de que el botón de la camisa salte y como blanco caiga preciso en el ojo del empleador es una situación muy embarazosa. Tampoco use ropa estilo «cortina», pues se verá fuera de lugar. Algunas empresas tienen códigos de vestir o bien uniforme y esto es una gran ventaja.

No está de más recordarle que los escotes y las minifaldas son inapropiados como «estilo» de vestir para una entrevista de trabajo.

En cuanto a los colores, decídase por los tradicionales:

✧ El azul marino, mi favorito. Usted lucirá elegante, aunque sin parecer «acartonado».

✧ El negro.

✧ El gris.

Si no cuenta con mucho presupuesto para una prenda de vestir como esas, visite las tiendas de ropa usada. Allí encontrará ropa en buen estado y a excelentes precios. Cuando ya esté ganando dinero y se hayan nivelado sus finanzas, entonces invierta en un traje de la mejor calidad posible.

No pierda de vista que, a la hora de una entrevista, ¡el hábito sí hace al monje!

¡Alto! Caballeros, no cometan estos errores al vestir.

Mis queridos caballeros, la regla de oro de la nitidez y la combinación de sus prendas de vestir no es sólo para las damas. Si estamos bien vestidos, especialmente para una entrevista de trabajo, nos sentiremos más seguros de nosotros mismos. ¡Qué horrible es llegar a una entrevista de trabajo vestido de manera inapropiada! Y que, además, todos los otros solicitantes o candidatos al puesto —que esperan su turno para pasar a la entrevista— estén vestidos de forma correcta para la ocasión. Le aseguro que este hecho minará su seguridad, no se confíe, los empleadores toman en cuenta su apariencia personal.

De nuevo la regla de oro: ¡nitidez!

Encenderé la luz roja de alerta en cuanto a los errores comunes que cometen los caballeros al vestirse. ¡Anote, revise y cambie!

✧ Camisas ciento por ciento poliéster.

✧ Pantalones cortos y apretados.

✧ Zapatos de vestir con medias deportivas blancas.

✧ Mocasines con traje de vestir.

✧ Camiseta con el logo de su empleo anterior.

✧ Zapatos desgastados.

✧ Zapatos sucios.

✧ Cinturón con hebilla tipo ranchero.

✧ Camisa que le falten los botones.

✧ Corbatas anticuadas.

✧ Colores escandalosos.

✧ Traje blanco con calcetines y zapatos blancos.

✧ Vestir al último alarido de la moda.

✧ Mezclar prendas de calidad con baratijas.

✧ Usar una talla más pequeña o más grande.

✧ Calcetines con huecos o arrugados.

✧ Presentarse a la entrevista con la ropa arrugada.

✧ Combinar más de tres colores.

✧ Ir a la entrevista sin afeitarse y con las uñas sucias.

Estos sólo son algunos de los errores que los hombres, por estar con la tontería de que la ropa y la vanidad es para las mujeres, llegan a las entrevistas de trabajo como que si se les perdió la combinación de sus candados.

Si no sabe cómo es este complicado mundo de la moda, le recuerdo que la entrevista de trabajo no es una pasarela; pero está a tiempo para aprender y no puede darse el lujo de causar una imagen fatal en esa entrevista de trabajo que ha estado soñando y esperando.

¡Alto! Damas, no cometan estos errores al vestir.

Hay una regla de oro: «Debemos vestir de acuerdo a nuestra edad, la época del año, la ocasión y la hora del día». Partiendo de esto enfocaré los errores más comunes que las damas cometemos al vestirnos.

Por ejemplo, en cuanto a la edad, hay señoras que cuando están en la mediana edad toman la desacertada decisión de vestirse como jóvenes y esto en vez de favorecerlas sólo deja al descubierto su insensatez y todo el «calendario» a flor de piel. El efecto es contrario, la ropa juvenil las hará verse mayores y ridículas… perdón por ser tan dura pero así es.

En cuanto a la época del año, si vive en una región donde las estaciones del año son bien diferenciadas, entonces observará la vestimenta y colores propios de la estación.

Vestirse de acuerdo a la ocasión no es menos importante. Si va a una entrevista de empleo para una oficina, debe vestirse de manera profesional; pero si va a una fiesta, la forma de vestir en cuanto a colores, estilo de ropa o largo de la falda serán de acuerdo a las reglas de etiqueta.

La hora del día también debe ser tomada en cuenta. Usted no asistirá a un almuerzo de la misma manera en que iría a una fiesta tipo cóctel.

Por favor, eche al suelo el viejo, gastado y errado refrán de que el hábito no hace al monje. Usted es libre de pensar lo que quiera, aunque yo pienso que el hábito sí hace al monje. Si no, trate de ir a una entrevista de trabajo en una oficina de gobierno en traje de baño. Si se atreve, por favor, cuénteme cómo le fue.

Bueno, al grano con algunos consejitos tipo «luz roja de peligro» para las damas:

✧ Peinados muy elaborados.

✧ Exceso de joyería.

✧ Faldas muy cortas, no son nada elegantes.

✧ Usar trajes de tallas más grandes (dirán que el difunto era más grande).

- ✧ Vestidos sin medias de nylon.
- ✧ Botas altas con minifaldas.
- ✧ Blusas transparentes.
- ✧ Llevar joyería que suene mucho (casi como una bailarina de vientre).
- ✧ Ropa en telas brillantes o sicodélicas.
- ✧ Sandalias o anillos en los dedos de los pies.
- ✧ Cabello «alborotado».
- ✧ Usar el cabello muy largo, los que tienen más de 40 años.
- ✧ Dejarse las raíces del cabello (la «mofeta», como dice mi amiga Sophie).
- ✧ Exagerar la «elegancia» en ocasiones que no lo requieren, a veces lo menos es más.
- ✧ Las uñas muy largas y pintadas en colores chillones.
- ✧ No usar blazer o chaqueta para ocasiones profesionales.
- ✧ Exceso de maquillaje.
- ✧ Bañarse en perfume.
- ✧ Vestirse al último alarido de la moda.
- ✧ Aretes muy largos.
- ✧ No depilarse el vello facial.
- ✧ Los zapatos color crema y medias negras son algo grave.

Debemos destacar nuestras cualidades y aprender que a veces menos es más. No tenemos que parecer un arbolito de Navidad.

Hay mujeres que han pasado a la historia por su sencillez. La sobriedad nunca cae mal. Los accesorios, por ejemplo, son prendas que pueden realzar un traje pero también cuando son usados como elementos decorativos pueden perjudicar hasta el traje más elegante. Si no sabe usar aprendas, vea revistas enfocadas en la imagen profesional.

Debido a mi trabajo, muchas veces tengo que ir a la televisión y debo ser muy cuidadosa en cuanto a la línea de ropa, largo de las faldas, colores y accesorios. Me sirve de mucho ver a las presentadoras de televisión y tomo algunas de sus ideas.

Mi amiga, no tiene que ser una experta en todo; no tenga problema en averiguar, preguntar, buscar ayuda. La mujer soberbia no llega muy lejos, menos si es en caso de prepararse para una entrevista de trabajo. Permítame recordarle que, además de la actitud y la preparación, el empleador toma en cuenta su apariencia personal.

Y como si fuera poco, no es tan fácil conseguir una entrevista de trabajo. Por ello, prepárese en cuanto a su apariencia, sea *humilde* y saque provecho de las personas que saben un poquito más que usted.

Que no la recuerden como la señora del perfume perturbador, la camisa sicodélica, las pulseras «musicales» y, como si fuera poco, el pelo de discoteca. Ahí se lo dejo. Usted decide qué hacer con su imagen...

LOS ACCESORIOS

Podemos considerar accesorios los zapatos, las medias, la cartera, la joyería, las bufandas, los cinturones y los lentes. Estos tienen la particularidad de reflejar la personalidad de una mujer.

Los accesorios son un elemento importante a la hora de vestirnos, pero como siempre la *sobriedad* es la clave para que cumplan con su objetivo de resaltar un traje y no perjudicar la imagen.

He oído decir a las personas: «Hoy todo se usa». Es cierto, pero aunque la moda nos dé luz verde para usar de todo, al mismo tiempo la elegancia no se ha mudado ni jubilado. Podemos apreciar la diferencia entre una mujer que saca partido de los accesorios y otra que se pone todo lo que halla a su paso luciendo como un auténtico muestrario.

Las medias no siempre son necesarias. Por ejemplo, con pantalones cortos y sandalias, no las necesita; pero con una falda larga o corta y zapatos cerrados si son necesarias. Las medias no deben ser más oscuras que el tono de los zapatos, ¿se imagina unos zapatos blancos con medias negras? ¡Fatal!

Las medias no están exentas en cuanto a la época del año. En invierno serán de un material más grueso y en verano de uno más liviano.

Jamás se le ocurra ponerse un vestido de tonos claros con medias oscuras, para eso debe usar medias color piel.

En cuanto a los zapatos, le aconsejo que los adquiera de buena calidad, la mejor posible de acuerdo a su bolsillo. Deben usarse según el tipo de ropa. Por ejemplo, los zapatos de tacones muy altos deben usarse con ropa de noche, para una fiesta. No se le ocurra usarlos para una entrevista de trabajo. Aunque no lo crea, el empleador se fija en eso y a veces los ve como un peligro.

Si usa sandalias, por favor, que sus pies estén arreglados. No hay cosa más desagradable que ver mujeres con sandalias, aun costosas, y los pies en un estado de abandono terrible. Para una entrevista de trabajo no use sandalias y menos con anillos en los dedos de los pies.

Yo no guardo ninguno de mis zapatos en sus cajas sin antes haberlos limpiado, esto les alarga la vida. Además, si la próxima vez que los vaya a usar no tiene tiempo para limpiarlos, ya están listos para salir en pos del ansiado éxito.

Para una entrevista de trabajo, olvídese de esos «carterones» que las mujeres usamos hoy en día y que sólo les faltan ruedas. Esas carteras son capaces de contener una casa si se descuida. Para esa ocasión use una más bien pequeña que contenga sólo lo que necesita. El «carterómetro» puede dejarlo en el carro.

Si va a hacer una inversión en un accesorio tan necesario, como lo es la cartera, le aconsejo que la compre color café, negro o neutro; así tiene alternativas para usar durante todo el año. Hoy en día no es necesario que la cartera y los zapatos sean del mismo color; sólo deben tener armonía, por ejemplo, si son en tonos oscuros. Al comprar una cartera tome en cuenta su figura y su estatura. Si es alta como yo, no use una «minicarterita» que se ve fatal, y si por el contrario es bajita elimine de su vestuario el «carterómetro».

Me referiré brevemente a la joyería. Esta debe ser usada con discreción. Un collar de perlas nunca está de más. Si hay accesorio que me identifique, son las perlas. Mis estudiantes se ríen porque cuando me refiero a este tipo de prenda me lleno de entusiasmo recomendándoles que toda mujer debe tener un collar de perlas.

Los aretes deben de ser pequeños, olvídese de las argollas enormes y más aun de los aretes colgantes tipo «chandelier», que son perfectos para fiestas aunque no para asistir a una entrevista de trabajo. Sin embargo, cuidado con que su joyería robe la atención de su interlocutor y hasta corra peligro de que le den un susto en la calle.

Las bufandas son muy versátiles y pueden darle vida a un atuendo, con certeza que lo renovarán. Si no las usa, trate de ensayar con ellas; hay tantas maneras de anudarlas y son tan femeninas.

Los lentes son accesorios necesarios pero, ¡ojo!: No use cualquier tipo de moldura sólo porque la tiene su amiga, el artista tal o cualquier otro; tal vez lo que a ellos les sienta bien por la forma del rostro a usted le reste puntos. Por eso es bueno que vaya con tiempo a la óptica y escoja varias opciones, tome en cuenta los consejos del experto respecto al tipo de armadura que se adapta a la forma de su rostro, nariz y color del pelo.

Un pantalón con cargadores y sin el cinturón apropiado es como querer masticar sin dientes. Seleccione el cinturón de acuerdo al tipo de ropa y también a su figura, si es bajita no le recomiendo usar cinturones muy anchos.

Bueno, de una manera general, hemos abordado el tema casi inagotable de los accesorios. Este capítulo es apenas un «anzuelito» para que despierte y explore un mundo de posibilidades, pero sin perder de vista que a veces lo menos es más.

EL MAQUILLAJE

Si es del tipo de persona que no acostumbra usar maquillaje, cuando vaya a una entrevista de trabajo debe ser muy cuidadosa y no ponerse a experimentar ese día, sino informarse y practicar con tiempo lo que va mejor con su estilo, dependiendo del color de su piel y de la ropa que va a usar.

El maquillaje, cuando es usado de manera adecuada, puede ser un buen aliado para destacar nuestro rostro; pero de otra manera tiene la particularidad de hacernos lucir como payasos.

En el mercado de la belleza puede encontrar excelentes productos sin que sean necesariamente muy costosos. Las farmacias y hasta los supermercados manejan líneas de cosméticos que son ideales en cuanto a precio y calidad.

LOS SÍ Y LOS NO DEL MAQUILLAJE

Vamos a comenzar con una buena limpieza de la piel y una crema humectante como base. Use un «conceler» (un tipo de base especial para cubrir las imperfecciones o manchas en su piel), especialmente en el área inferior de sus ojos. Usted necesita dar una imagen fresca y alerta.

Luego viene la base. El color debe ser lo más aproximado posible al de su piel, debe lucir natural. Pruébeselo bajo la luz natural. Use la base conforme a su tipo de piel: grasosa, seca, normal o combinada.

Debe esparcirla en forma pareja en su rostro, ya sea con los dedos o con una esponja. Tenga cuidado con el área del cuello y la quijada. Cerciórese de que no se le vea una línea, como si estuviese usando una máscara.

El polvo traslúcido, además, es ideal para desaparecer el brillo del rostro.

El colorete úselo con discreción, desde las mejillas hasta la línea de las orejas. Espárzalo tipo manzana sobre las mejillas, otra pasadita de polvo sería oportuno.

Las sombras de ojos. Con esto hay que tener un cuidado tremendo. Si no sabe hacerlo con discreción, se verá como un «mapache» o como que ha sufrido un accidente. Si desea el efecto de unos ojos alerta, ponga un poco de sombra clara justo debajo del arco de las cejas; aplique un color suave y en armonía con su piel y su ropa. Destaque sus ojos, no los eche a perder con los excesos.

A mí me gusta mucho recomendar los tonos color tierra y los suaves pues casi siempre le van a todo mundo. Pero como siempre, la clave es la discreción y la elegancia está en la sobriedad.

Tenga cuidado cuando aplique la máscara de ojos, no abuse; si no parecerá que tiene un par de arañas en sus ojos. Use una máscara de buena calidad, no escatime dinero en esto, que sea un tipo de las que no se corren. Que sea a prueba de lágrimas.

El lápiz delineador de labios no lo recomiendo sino es del color exacto al del lápiz labial. He visto mujeres con labios delineados de una manera tan dramática que no les favorece en nada. Sea cautelosa con esto, es más, si puede prescindir de él le recomiendo que lo haga, no es estrictamente necesario.

La pintura de labios. Evite a toda costa los colores escandalosos, no trate de destacar todas las áreas de su rostro al mismo tiempo, haga énfasis en una. Si se pinta los labios en un tono más alto, no se maquille exageradamente los ojos, pues estarán compitiendo.

Antes de aplicarse la pintura de labios, póngase un poco de polvo para fijarla por más tiempo.

Ahora en el mercado hay una tendencia a los brillos de labio tenues que se ven muy bien. Dan una sensación de frescura y un efecto suave y juvenil.

Pues bien, hemos abordado de manera breve lo referente al maquillaje, por lo menos lo básico. No dejo de sugerirle que busque información, visite las tiendas por departamento donde hay muchas líneas de cosméticos de renombre cuyas demostradoras realizan maquillajes gratis como promoción. Pruebe con ellas.

Cómo mantener sus productos de maquillaje en buen estado:

- ✧ Lávese las manos antes de aplicarse el maquillaje.
- ✧ Use motitas de algodón para aplicarse su crema humectante.
- ✧ Mantenga sus cepillos y esponjas para maquillaje limpios y guardados donde no haya polvo.
- ✧ Conserve sus cosméticos cerrados y lejos de la luz directa.
- ✧ Reemplace sus cosméticos según lo indique el fabricante.
- ✧ No deje sus cosméticos en el carro.
- ✧ Regla de oro: No preste su maquillaje, más que todo por higiene.

TERCERA PARTE

CAPÍTULO 22

Cómo solicitar empleo

¡AUXILIO! NO TENGO TRABAJO.

En la vida hay momentos en los que los vientos no soplan a nuestro favor. Por ejemplo, cuando hemos perdido el empleo o nos hemos graduado de alguna carrera universitaria o bien vocacional y necesitamos encontrar uno.

Día a día y debido a mi trabajo en una entidad gubernamental que ayuda a los desempleados a integrarse de nuevo o por primera vez a la fuerza laboral, puedo darme cuenta de que esta es una etapa muy dura; y si no estamos en «forma», lo será aun más.

Soy testigo de su frustración, especialmente en aquellos que han estado en una sola empresa diez o más años. Caso muy frecuente en la actualidad con las corporaciones que se fusionan unas con otras, que se mudan a otras zonas del mundo para bajar sus costos o bien simplemente que cierran sus operaciones y de la noche a la mañana dejan a la gente sin empleo. Es como si le movieran el piso a uno.

Todos esos sentimientos de frustración y miedo son válidos, pero no queda otra que ponerse en pie y *cambiar* de actitud si no queremos hundirnos.

Hay personas que entran en un estado de inercia, como que si el golpe de perder su empelo los hubiese dejado noqueados. Conozco el caso de un ingeniero que fue dejado cesante de sus funciones de un día al otro y cayó en una depresión tan tremenda que se prolongó por largo tiempo trayendo un caos familiar y financiero. Su esposa tuvo que tomar la responsabilidad económica de la familia, que casi pierde hasta la casa pues con un solo salario era casi imposible salir adelante.

Hay otras personas que reaccionan con rabia al comienzo, pero no se dejan caer y saben que al menor pestañazo se pueden hundir; por lo que se ponen en pie, trazan una nueva estrategia y buscan la manera de sobreponerse a la situación. Esta actitud «desafiante» más bien desarrolla en ellas un sentido de supervivencia que los vuelve creativos y casi sin darse cuenta se convierten en empresarios y salen adelante. Como mujeres y hombres que trabajan por su cuenta y que nunca habían «explorado» su potencial por estar trabajando para otros.

Dios nos ha provisto de recursos y talentos que a veces afloran cuando estamos en necesidad y también nos ha dado libertad para escoger una actitud de derrota o bien de victoria.

No me cabe la menor duda, porque lo vivo todos los días, de que la búsqueda de empleo es una situación que pone nuestra estima personal a prueba. Debemos recorrer día a día el camino de las solicitudes, casi podemos decir que nos toca «empapelar» la ciudad con nuestros resumés y debemos estar listos para que en la gran mayoría de las ocasiones nos digan: «Yo le llamaré», «Ya tomamos a la persona» o «Está demasiado calificado para la posición que ofrecemos».

Es por ello que nuestra actitud de «guerreros» es determinante. Está comprobado que un alto porcentaje de los empleos los consiguen las personas que saben manejar una buena entrevista de trabajo.

Así que básicamente el primer paso para conseguir empleo es la actitud, el segundo un buen resumé, el tercero ser creativo y el cuarto prepararse para una entrevista.

Veamos algunos datos importantes para conseguir una entrevista de trabajo:

- ✧ Elabore una lista de contactos personales: amigos, parientes, profesores de la escuela, antiguos compañeros de trabajo, antiguos jefes o supervisores (por ello procure no quemar los puentes, trate de no irse peleado de su empleo anterior), consejeros, colegas de trabajo de sus familiares, entre otros.

- ✧ Póngase en contacto con agencias de empleo gubernamentales y privadas.

- ✧ Dele su resumé a todo aquel que considere que pueda ponerlo en contacto con ese trabajo que está buscando. No me canso de hacer énfasis en que el resumé debe ser profesional y elaborado con cuidado, pues ese seré el «vocero» y «promotor» que le abrirá o cerrará las puertas para una entrevista.

✧ Vuélvase un «sabueso» de los anuncios, tanto de los medios de comunicación como clasificados, pizarras informativas, periódicos comunitarios, bolsas de empleo de la radio. No menosprecie ninguna forma de buscar empleo, en este tiempo de «búsqueda» debe desarrollar su creatividad tanto como su «olfato».

Las agencias de empleo tanto privadas como de gobierno son excelentes recursos para buscar trabajo. Hay centros auspiciados por el gobierno, como por ejemplo donde trabajo, que no sólo le proveen información para conseguir empleo sino que le ayudan con su resumé. Hasta le ofrecen de manera gratuita todos los equipos de oficina como computadoras, teléfonos, fotocopiadoras y faxes para que los use a la hora de prepararse para hacer sus solicitudes de empleo.

Entonces, mis amigos, respiren profundo y súbanse al vagón, no de los desempleados sino de los triunfadores. Tome una actitud de ganador… no hay alternativa.

CAPÍTULO 23

Cómo analizar la descripción del trabajo

Poner atención y enfocarse en la descripción del trabajo es vital. Por lo general, los anuncios clasificados del periódico, Internet, las agencias de gobierno y otros son bastante específicos. Casi siempre dan también a conocer el salario y muchas veces muestran detalles como este: «Salario entre treinta y dos mil y treinta y ocho mil dólares anuales». Este dato le ayudará mucho a la hora de negociar su salario; también anuncian si el cargo ofrece beneficios y en qué consisten.

El profesional de Recursos Humanos es específico pues así envía un mensaje claro de que la persona que solicite el puesto de trabajo deberá llenar esos requisitos.

Tomar en cuenta los detalles del anuncio clasificado le ayudará a revisar su resumé y utilizar el lenguaje directo relacionado con la posición, y a modificarlo en el caso de que sea necesario. Así cuando vaya a la entrevista estará en ventaja pues conoce detalles de la posición y, además, al hablar con el entrevistador podrá comunicarse con él en los mismos términos.

La descripción del trabajo provee datos como:

✧ Requisitos del empleo:
  • responsabilidades,
  • tareas a realizar,
  • funciones opcionales.

Calificaciones que requiere el empleador:

✧ Educación

✧ Experiencia

✧ Conocimientos relacionados con el trabajo en sí.

✧ Talentos

✧ Habilidades

Describe otros detalles como:

✧ Tipo de vestimenta para el trabajo.

✧ Condiciones físicas del ambiente en el que va a trabajar.

✧ Tipo de materiales con los que lidiará, riesgos, peligros.

Cuando se refiere a conocimiento en áreas como la de las computadoras, requieren ciertos programas específicos, como por ejemplo de contabilidad, impuestos, etc.

¿En qué consisten las destrezas para el trabajo? Que usted sepa usar un tipo concreto de máquinas como copiadoras modernas, aparatos de oficina o programas de computadora como Excel, Microsoft, etc.

Por habilidades se entiende la disposición y el talento especial que usted posee, los que son necesarios en el trabajo; como por ejemplo habilidad para hablar en público, para tomar decisiones, para atender al cliente, etc.

Veamos a continuación un ejemplo elemental de una descripción de un trabajo:

Para una posición en el Departamento de Contabilidad de la empresa «X»

- ✧ **Educación:** Licenciatura en Contabilidad.

- ✧ **Experiencia:** Mínimo tres años.

- ✧ **Conocimientos:** (Algo específico en la rama de contabilidad, como por ejemplo: activos, pasivos, impuestos, etc.)

- ✧ **Destrezas:** Matemáticas, cálculo, un programa específico de contabilidad.

- ✧ **Habilidades:** Para tomar decisiones, resolver problemas.

- ✧ **Información adicional:** Puede ser trabajo dentro de una oficina, código de vestir (algo específico), reglas de comportamiento.

A partir de esto tan elemental, las compañías diseñan sus anuncios con muchos más detalles. Sin embargo, los requisitos son básicamente los que describí.

Le sugiero que no deje ningún detalle sin tomar en cuenta. La descripción de la posición será tema constante durante su entrevista. Así que es mejor que se prepare en el asunto.

CAPÍTULO 24

Cómo elaborar un buen resumé o currículo

Parte del arte, y además clave, de una entrevista exitosa es un buen resumé. Cuando abordo este tema con mis estudiantes, o bien en los segmentos de radio, les digo que ahora el resumé es como ese pie que el vendedor mete en la puerta para que la persona le escuche lo que tiene que decir y finalmente lo deje entrar.

Esta es una manera, digamos, no muy elegante de exponer esto; pero para fines prácticos esta es la realidad laboral de hoy.

Los tiempos han cambiado y, por ende, la manera de solicitar un trabajo no podía quedarse estática. Sabemos que para cada oportunidad de trabajo que sale al mercado hay una fila de candidatos y muchos de ellos calificados. Sin embargo, debido a esta misma situación de gran oferta de mano de obra o de solicitantes, el empleador no puede abrir sus puertas de par en par. Por ello muchos de esos empleadores han decidido utilizar el método de que las personas envíen primero su resumé y dependiendo de este las llamarán para una entrevista por teléfono o en persona.

¿Se da cuenta cuán importante es un resumé profesional? ¡Puede abrirles las puertas o cerrarlas detrás de él!

Los expertos afirman que son diecisiete segundos los que se toma el empleador para forjarse una primera impresión con un resumé.

Debido a mi experiencia, he podido observar que ahora se está pidiendo resumés para posiciones en las cuales antes no se requería. Es que el empleador o el profesional de Recursos Humanos sabe que su tiempo es oro y no quiere perderlo entrevistando a personas que no satisfacen las calificaciones para la posición.

¿POR QUÉ NECESITA UN RESUMÉ?

1. Porque con él muestra sus habilidades y su credibilidad.

2. Para que el empleador pueda ver su experiencia, su preparación y así considerar si es la persona indicada para la posición que está ofreciendo.

3. Para que el empleador sepa que usted es una persona organizada, seria y que está preparado para aspirar a la posición.

Además de lo anterior, un buen resumé le hará sentir más seguro de sí mismo durante la entrevista, ya que le sirve de «banco» de datos para poder seguir el hilo de la conversación.

Así mismo le sugiero que lleve en su cartera una copia del resumé ya que le será de gran ayuda al momento de llenar una solicitud de trabajo. No se confíe de su mente, recuerde que a la hora de la tensión se le pueden olvidar datos importantes que están escritos por orden cronológico en su resumé.

Más aun, en su búsqueda de empleo debe estar preparado para cualquier situación. A lo mejor pasa por un lugar en el que estén ofreciendo trabajo y ese es el momento preciso para solicitarlo. De modo que usted sólo saca su resumé y, sin apuro, puede llenar su formulario de solicitud correctamente. El resumé es su banco de datos.

Un resumé le sirve para enviarlo por fax, correo o e-mail si es que el empleador así lo requiere. También para dejarlo personalmente en las compañías o distribuirlo entre familiares, amigos, maestros, consejeros para que lo ayuden a conseguir un trabajo. Cuando usted está buscando empleo no debe desestimar ningún medio, por tradicional que le parezca.

No olvide nunca que el empleador no está buscando a la persona perfecta sino a la indicada y para ello entran en juego muchos aspectos importantes.

Constantemente observo que la gente se empeña en complicar todo. Para elaborar un buen resumé, usted no necesita gastarse un montón de dinero, sólo debe ser cuidadoso en los siguientes puntos:

Incluya sus datos personales como:

✧ Nombre
✧ Dirección

✧ Teléfonos (todos los que tenga en los que puedan localizarle sin contratiempos).

✧ Dirección electrónica.

✧ Experiencia (se refiere a su práctica laboral, empiece con el trabajo más reciente y luego sucesivamente hacia atrás).

✧ Educación (desde su estudio más reciente. Si tiene estudios universitarios o un grado. No es necesario que ponga la escuela primaria).

✧ Certificaciones (se refiere a seminarios o cursos que haya tomado para mejorar sus conocimientos o destrezas en su trabajo o profesión).

✧ Habilidades especiales. (Si usted es políglota; si tiene habilidades especiales para tratar con el cliente; sus conocimientos en computadoras; cuántas palabras por minuto puede escribir, si por ejemplo está solicitando el cargo de procesadora de datos. Usted sabe que esto es muy importante, pues sirve de punto de apoyo para sus conocimientos profesionales o su trabajo. Las habilidades son un complemento vital. Destáquelas lo mejor posible.)

✧ Referencias. No dé la lista de los nombres de las personas. Es mejor que informe que puede brindarlas si el empleador las requiere. Por favor, tenga la cortesía de pedir autorización a las personas que ponga como referencia para que no les vayan a tomar por sorpresa. Esto le hará verse muy mal tanto con ellos como con su futuro empleador.

En cuanto a mencionar en el resumé su trabajo voluntario, debe ser muy cuidadoso. Debe ponerlo dependiendo de la posición para la que está optando. Por ejemplo, si está solicitando ante una organización que opera en el área de recolección de fondos y usted se ha desempeñado antes en eso en otras organizaciones, vale la pena que lo ponga. Sin embargo, si en la posición que solicita no hay cabida para ello, mejor es que no lo mencione pues muchas veces eso da lugar a que el empleador piense que usted está tan involucrado en trabajos voluntarios que quizá, en vez de trabajarle a él, estará muy ocupado en esas actividades tan nobles pero para las cuales no lo ha contratado. No crea que quiero ser cruel, pero todo tiene su lugar. Usted decide qué es lo mejor, yo sólo le expreso lo que puede beneficiarle o no.

El resumé no puede tener más de dos páginas

Alerta: No permita que sus niños o adolescentes contesten el teléfono durante su búsqueda de empleo. Ellos pueden cometer indiscreciones o, como están en su propio «mundo», omitir darle a usted el mensaje.

Usted está empleando energía, gasolina, dinero, emociones en su labor exploratoria, no tire todo eso por la borda por no tener la manera correcta de ser contactado. Cómprese una grabadora de mensajes, un buscapersonas (o beeper) o si puede un celular para que lo localicen y pueda recoger el fruto de sus esfuerzos.

Lo que no debe incluir en su resumé:

✧ El objetivo. Aunque es muy usual, personalmente pienso que si está solicitando una posición «x» es obvio que lo está haciendo porque tiene un objetivo. Creo que mencionar el objetivo está demás. Pero usted tiene la última palabra y es quien decide si lo hace o no.

✧ El salario que devenga. Esto puede limitar al empleador si al ver que usted es la persona indicada le ofrece un salario mejor remunerado o que tal vez usted no había considerado.

✧ El promedio de notas. Puede mencionarlo durante la entrevista, si es que se lo preguntan.

✧ Información personal. Un día vi un resumé con los hobbies y otros datos personales innecesarios. No creo que al empleador le interese este aspecto de su vida. Si acaso sale a relucir el tema durante la entrevista, menciónelo.

¡Nunca más de dos páginas!

Utilice un papel de buena calidad. No me refiero a papeles costosos, sólo a calidad, de un color neutral ya sea beige claro o blanco. Nada de colores escandalosos. Cuando veo esos resumés en papeles amarillos, rosados o anaranjados me causan mareo. No dude que el empleador ni los tome en cuenta, lo que debe resaltar es: la nitidez y su resumé al punto.

No lo doble, use un sobre tipo manila para que cuando se lo entregue a la persona indicada esté nítido. No olvide que es el resumé quien habla primero que usted, es su «agente publicitario».

Causa una mala impresión el que usted desdoble su resumé o trate de desarrugarlo para entregarlo. No pase esta pena por favor.

Un buen resumé debe ser fácil de leer, coherente, al día, profesional, gramaticalmente correcto, sin errores de mecanografía.

Si tiene que cambiar algún dato, no lo haga usando corrector y luego escribiendo encima de lo que borró. No haga eso jamás. Tómese el tiempo de corregirlo y entregarlo nítido.

A mis estudiantes les enseño lo siguiente:

✧ Que compren un portafolio plástico, de los que venden en las tiendas de artículos de oficina o hasta en las tiendas que venden todo a un dólar, y dentro coloquen en tres carpetas o portadocumentos de manila lo que les voy a indicar más adelante.

✧ Pido que sea un portafolio plástico para proteger sus documentos porque puede ser que llueva, o se le caigan y usted no puede correr el riesgo de ir a casa por otro material, si es que ya va en camino a su cita con el éxito.

Entonces:

Portadocumento # 1:
escriba en la pestaña la palabra «Empleador».

Coloque en él: su resumé, copia de sus documentos, copia de sus certificaciones, copia de cartas de recomendación. Dos lapiceros que estén funcionando, uno azul y otro negro. Dos lápices de grafito por si acaso está solicitando posiciones de contabilidad y necesita hacer algunos cálculos.

No hay nada más desagradable que una persona llegue a llenar una solicitud de trabajo y esté pidiendo prestado un lapicero. Esto denota que no sabe ni para qué está ahí.

Portadocumento # 2:
escriba la frase «Para mí».

Debe ser exacto al que preparó para el empleador. ¿Razón? Si su entrevistador le pide algún papel, usted lo toma del portadocumento destinado para él y puede ir siguiendo el «hilo» de la entrevista teniendo control de la misma. No lo tomarán por sorpresa, evitando así invadir el espacio de su entrevistador para ver algún dato en el resumé o los documentos que usted le ha entregado, ya que tiene su duplicado de todo.

Este aspecto de mantener la distancia es crucial.

Portadocumento # 3:
escriba la frase «Documentos originales».

A su empleador o al profesional de Recursos Humanos no le gusta ver copias, necesita los documentos originales. He vivido la experiencia durante los reclutamientos ayudando al empleador en casos en que algunas personas pierden su oportunidad por no presentar los documentos originales. No sea uno de ellos. No olvide nunca que hay muchos solicitantes como usted.

Debe revisar este portadocumento al llegar a casa, pues a un lado tendrá escrito los documentos que usted lleva en él para así revisar si todo ha vuelto a su lugar. Al concluir su proceso de entrevista, debe colocarlo en un lugar seguro, listo para usarlo en cualquier momento.

Cada vez que mis alumnos van a una entrevista con este portafolio han causado buena impresión, es algo sencillo pero denota organización y nitidez.

Recuerde, el resumé profesional es su carta de presentación. No lo tome a la ligera, dedíquele tiempo.

Estilos de resumé, cartas de presentación y notas de agradecimiento

En primer lugar, ¿por qué necesita un resumé?

Muy sencillo, véalo desde este punto de vista: Cuando un vendedor llama a una empresa para ofrecer sus productos, por lo general envía literatura explicando las «bondades» de sus productos. Después de eso y como resultado obtiene una cita para exponer en persona su línea de productos y dependiendo de su manera ágil y sabia de vender es que puede concluir su negocio.

Así mismo es su resumé. Él es la literatura que usted envía para poder exponer su producto, el cual es usted mismo, su experiencia y su preparación, tan sencillo como eso.

Las empresas se esmeran en elaborar, hasta con expertos, la literatura que mejor exponga sus productos. Esa misma actitud debe tomar usted a la hora de elaborar su resumé. Este será la llave que le abrirá las puertas a una entrevista.

Así como todo ha ido cambiando en el mercado laboral, la manera de elaborar un resumé no se quedó atrás, ni estática. Por ello es conveniente que tome en cuenta lo que los expertos dicen o sugieren a la hora de hacer un resumé, una hoja de vida, un *curriculum vitae*, según como usted le llame en su país de origen, pero a fin de cuentas es lo mismo: la literatura que promoverá su producto, usted mismo.

El resumé debe ser puntual, no más de dos páginas, con un papel de buena calidad, en tonos como blanco o crema, sin errores de ortografía, actualizado y *fácil de leer*. Insisto, sólo son diecisiete segundos los que le toma al entrevistador evaluar un resumé, no descuide ningún detalle.

TIPOS DE RESUMÉ

Resumé cronológico: Enumere primero sus tareas de empleo recientes y continúe según el orden de la fecha.

Este es un tipo de resumé favorable para las personas que han sido constantes en sus empleos. No favorece a aquellos que cambian de empleo o que no tienen experiencia, por ejemplo: los que apenas se están incorporando a la fuerza laboral.

Resumé funcional: Se concentra en sus habilidades, capacidades y experiencia. Es práctico para solicitantes que:

- ✧ Su historial laboral no se relaciona con el empleo solicitado.
- ✧ Su experiencia no está relacionada con el trabajo más reciente.
- ✧ Han cambiado de trabajo o hay intervalos en que no trabajó.
- ✧ No han trabajado recientemente.
- ✧ Están integrándose a la fuerza laboral, ejemplo típico los recién graduados de la universidad; personas que han estado retiradas y los que deciden volver a trabajar.

En este tipo de resumé se puede enfatizar el trabajo voluntario, los estudios o también si ha realizado un internado en una compañía como estudiante para adquirir experiencia en el área que le gustaría trabajar.

Por lo general este tipo de resumé no es el favorito de los empleadores pues es menos sencillo para leerlo.

Lo importante es que usted tiene esta opción para exponer sus habilidades y potencial para la empresa.

Resumé automatizado

Es el que usa un programa específico de la computadora en el que usted pone la palabra clave y el programa la busca para que vaya llenándolo de acuerdo a la necesidad. Este tipo de resumé se utiliza en el campo profesional. Internet es un aliado poderoso en la tarea de buscar modelos de resumés.

CAPÍTULO 25

Métodos de entrevistar

Las empresas conducen sus entrevistas de diversas maneras, estas dependen de la posición que se ofrece y la que sea más adaptable a la realidad de la firma. Veamos a continuación algunos tipos de entrevista:

✧ **Entrevista uno a uno:** Es cuando el empleador decide entrevistar a los candidatos uno por uno, sin la participación de otro miembro de la empresa.

✧ **Entrevista en grupo:** Un grupo de solicitantes interactúan delante de uno o más miembros de la empresa. Con este método los entrevistadores

131

pueden apreciar cuán competitivos son los solicitantes. Además, es una manera de ahorrarles tiempo a los ejecutivos de las compañías que están muy ocupados.

✧ *Entrevistas con la junta directiva de la compañía:* Muchos de los ejecutivos o miembros de la empresa entrevistan al candidato en una o más ocasiones. Este tipo de método permite que la compañía tenga una visión más completa del solicitante. También le brinda al mismo la oportunidad de apreciar la empresa desde diferentes perspectivas.

✧ *Entrevistas bajo presión (estrés):* Con este método se crea un ambiente de ansiedad a propósito. El entrevistador deliberadamente hace sentir incómodo al solicitante y le hace preguntas ásperas. El objetivo es apreciar si el solicitante es capaz de tolerar y manejar el estrés de esa compañía. Este tipo de entrevistas es especialmente útil a los fines de las empresas de servicio al cliente, ya que los empleados están sometidos a llamadas constantes, la mayoría de las cuales son para resolver prblemas.

✧ *Entrevistas de trabajo realistas:* Muchos solicitantes tienen demasiadas expectativas de la compañía, lo que los estimula a exagerar sus calificaciones y habilidades. Para lidiar con esta situación el empleador le presenta al candidato una visión de la empresa tal cual es, mucho antes de que la oferta de trabajo se le formule al candidato.

En este tipo de entrevista deben ponerse sobre la mesa los aspectos positivos y también los negativos de la empresa.

Se le debe presentar al aspirante lo que la empresa espera de él, su comportamiento para ajustarse al sistema de la misma y los procedimientos y políticas de la firma.

Esto trae como ventaja que se seleccionan los candidatos eliminando a todos aquellos que no están calificados para la posición, además de que se captan los mejores y más honestos.

Cuando a usted le presentan el panorama real del ambiente laboral y de la empresa en general, puede decidir si acepta o no la posición.

OTROS TIPOS DE ENTREVISTAS

Además de las anteriores existen las entrevistas estructuradas y las no estructuradas. Estas últimas permiten que se hagan preguntas de manera abierta. Este tipo de entrevista *da lugar a que el entrevistado hable mucho*… Pero, ¡ojo! Durante estos encuentros se consume mucho tiempo con el objetivo de obtener mayor información acerca del aspirante.

Sugiero que esté alerta para reconocer el objetivo del empleador y ser muy cuidadoso en la forma en que brinda la información. El arte de saber escuchar y «procesar» la pregunta es muy importante para que usted tenga control y conteste con honestidad, aunque con mucho cuidado.

Muchas veces el entrevistador trata de que usted esté en una posición más relajada, pero ¡cuidado! Esta no es una cita social.

En las entrevistas estructuradas, las preguntas están relacionadas con cuestiones específicas acerca del trabajo. Este tipo de entrevistas contiene preguntas sobre situaciones específicas. El entrevistador desea saber qué actitud tomó el solicitante en circunstancias similares en el pasado.

Se le plantearán preguntas relacionadas con su conocimiento acerca de la posición para la que es entrevistado. El empleador, mientras formula esas preguntas, puede estar considerando su educación o determinadas habilidades para el trabajo.

Otra pregunta que le pueden plantear, además de las calificaciones requeridas para el trabajo, por ejemplo, es acerca de su disponibilidad para moverse a otra localidad si fuere necesario.

Prepárese también para entrevistas que evalúan su comportamiento. En estas el entrevistador presume que su comportamiento en su anterior ambiente laboral es el mejor punto de referencia para predecir cómo actuará en el furturo empleo. Este tipo de entrevista es una de las primeras herramientas que los departamentos de Recursos Humanos utilizan.

Uno de sus objetivos es probar su profesionalismo o su conocimiento técnico del trabajo. Le pedirán que describa situaciones específicas, como por ejemplo:

✧ ¿Cómo se siente cuando otros empleados van a usted para que resuelva situaciones inusuales? Hábleme acerca de la forma en que lidia con la situación y además descríbame los resultados.

✧ ¿Ha tenido dificultad para trabajar en equipo con el gerente del departamento y sus compañeros? Hábleme sobre la manera en que se ha conducido en una situación así.

✧ Descríbame alguna circunstancia en la que no haya podido resolver situaciones difíciles en ausencia del supervisor.

✧ ¿Ha sido alguna vez seleccionado por su jefe para laborar en proyectos especiales o asumir nuevas responsabilidades? ¿Cuál ha sido la tarea?

✧ Descríbame una situación en la que haya sido responsable de motivar a otros.

El tipo de entrevista de comportamiento toma en cuenta:

✧ Las habilidades, el conocimiento y el comportamiento necesarios para lograr el éxito en el desenvolvimiento de determinada posición.

✧ La manera en que usted se desempeña en las estructuras diseñadas para la posición.

Las preguntas para este tipo de entrevista son legales. Pero debo recordarle que su actitud deberá ser siempre la de una persona que sabe escuchar para responder correctamente, siendo honesta e inteligente.

CAPÍTULO 26

Cómo conducirse en una entrevista de trabajo

Ya estamos en el barco, ¡rememos! Lo primero es una entrada triunfal. ¡Eso es vital! En otro capítulo hablé de la primera impresión, permítame recordarle lo siguiente:

La fórmula

- ✧ 55% la imagen
- ✧ 38% el tono de voz
- ✧ Apenas un 7% de palabras

Con esos datos, ¿le parece o no que es importante esa imagen que proyectamos? Parte de la imagen es nuestra apariencia personal, pero no se olvide que nuestros gestos, la postura y la entrada a un lugar con seguridad causan una buena impresión.

Ojo, todavía no hemos hablado todo al respecto... por ello mucho cuidado con lo que su apariencia y actitud dicen o proyectan a los demás. Así esté hecho un manojo de nervios, como es normal en estos casos de las entrevistas de trabajo, debe, leyó bien, debe hacer acopio de seguridad y enviar el mensaje de que usted sabe por qué está ahí y sabe lo que está buscando.

No crea que le estoy hablando de situaciones ajenas que nunca he vivido, estoy escribiendo y casi puedo experimentar la sensación «temblorosa» que me invade cuando llego a lugares donde hay personas que nunca antes he visto y a las cuales debo vender mi producto. En este caso el de las entrevistas de trabajo. Debemos «vender» nuestras habilidades, experiencia; vendernos a nosotros mismos como la persona adecuada para esa posición a la cual estamos optando, ¿fácil? No, pero sí *posible*.

En primer lugar, entre como si nada estuviese pasando, con las manos libres para saludar. Despacio y sin ese tic nervioso de estarse acomodando el pelo o el nudo de la corbata. Haga saber a su entrevistador que usted es esa persona que él está esperando para darle la posición en su empresa.

El día de la entrevista llegue quince minutos antes para que tenga tiempo de darle el «toque final» a su apariencia. Sea cortés con todas las personas que están en la sala de espera; especialmente con la recepcionista. A veces ellas son los ojos y los oídos de los entrevistadores. Sea amable, pero no meloso. Para ellas no deja de ser aburrido el constante contacto con los futuros empleados de la empresa. Tome asiento y espere con paciencia, cuando llegue diga algo así: «Buenos días soy el señor _____ . Tengo una cita con el señor _____ a las tres de la tarde. Sólo deseo informarle que ya estoy aquí. Gracias».

Y siéntese, no esté cada cinco minutos, si la entrevista se atrasa, yendo como una «gotera» donde la recepcionista. Mantenga siempre su distancia, ella ya sabe que usted está ahí y es muy probable que el entrevistador esté con otra persona. En cuanto termine de entrevistarla lo va a llamar a usted.

Durante la entrevista:

- ✧ Dé la mano con firmeza.
- ✧ Mantenga el contacto visual.
- ✧ Sonría con naturalidad.
- ✧ No tome asiento antes que le invite el entrevistador.
- ✧ Procure un tono de voz agradable y cordial.
- ✧ Escuche con atención para poder contestar correctamente.
- ✧ Una inclinación hacia adelante denota interés.
- ✧ Mantenga la espalda recta al sentarse.
- ✧ Piernas y brazos sin cruzar.
- ✧ No invada el espacio vital de la otra persona.
- ✧ No se le ocurra hablar mal de su empleo o supervisor anterior.
- ✧ No entre en temas de política o religión.
- ✧ No mire su reloj cada tres minutos.
- ✧ No interrumpa.

✧ No se dirija al empleador por su nombre de pila, ponga atención cuando él se presente pues esa es la forma en que desea que usted se dirija a él durante la entrevista.

✧ No asuma un rol agresivo.

✧ Muéstrele al entrevistador sus habilidades, pero sin exagerar.

✧ Esté bien informado de lo que hace la compañía.

✧ Cuando por alguna razón el entrevistador le deje sólo en la oficina no se ponga a curiosear fotos u objetos personales que estén sobre el escritorio. Usted *nunca* sabe quién lo está mirando.

✧ No se rasqué la cabeza ni se toque la nariz.

✧ No limpie sus anteojos.

✧ No se balancee de atrás hacia delante.

La *prudencia* es un arma que nunca está de más, *explore* el terreno y si bien es cierto que el entrevistador tiene el control de la entrevista, usted también puede con sabiduría llevar astutamente la entrevista. Sin embargo, para eso necesita ejercer el arte de *escuchar* y ser un buen observador.

¿Cómo hacerlo, si está hecho un manojo de nervios? *Orando* y clamando por la gracia y el favor de Dios, sencillo, ¡es *posible*!

CAPÍTULO 27

Preguntas que le puede hacer el entrevistador durante la entrevista

BÁSICAMENTE HAY TRES PREGUNTAS:

Pregunta número uno: ¿Tiene usted las habilidades necesarias para realizar este trabajo? De esta pregunta central surgen otras como: Hábleme de usted. Esta pregunta no falla en las entrevistas. Para salir airoso debe estar seguro de sus habilidades y del por qué está solicitando ese trabajo. Lea bien y grábese en su mente las calificaciones que pide el empleador en el anuncio. Apréndase las palabras con poder que aparecen en el libro, le serán de tremenda ayuda para cuando tenga que contestar esta pregunta.

¿Por qué debería emplearle a usted y no a otro de los solicitantes?

Es importante que esté empapado de las responsabilidades y destrezas que requiere la posición así como la experiencia y conocimientos que posee para desempeñarse bien. Recuerde que lo que usted decide contestar es vital e influye en la opinión del entrevistador.

¿Cómo puede usted contribuir con la compañía?

¡Ojo! Por este tipo de preguntas es que es muy importante que usted conozca acerca de la empresa pues sólo así podrá responder usando sus habilidades, experiencia, conocimiento y su disposición para trabajar en ella y en el cargo que ofrecen. No se ponga a «echarle flores» tontas a la compañía, responda con honestidad y conocimiento a esta pregunta.

Pregunta número dos: ¿Está en disposición de realizar el trabajo? De esta se desprenden los siguientes interrogantes: ¿Cuáles son sus metas de corto y largo plazo? Cuidado va a cometer el error que vi hacer a un solicitante y por el que casi me desmayo. Yo quería que me tragara la tierra. Dijo: «Me veo en unos tres años en su posición, ahí donde usted está sentado». Quiso hacerse el eficiente y quedó mal.

Conteste con cautela, más aun, si está más preparado que su futuro supervisor, no vaya a decir nada que le haga pensar que su posición en la empresa está en peligro. No hable de que usted está ahí para adquirir experiencia; todo lo contrario, infórmele que usted es una persona estable en los empleos. No se ponga como la «última cocacolita del desierto» no sea que deje sobre la mesa todas sus ilusiones y proyectos.

Cuidado, cautela. Sólo hágale saber que usted es capaz, que tiene la experiencia necesaria y sobre todo que es una persona estable.

¿Qué aprendió en su trabajo anterior? Describa sin nostalgia y arrogancia lo que aprendió en esa empresa, no explique con lujo de detalles los «secretos» de la compañía. Aquí debe ser cauteloso y escuchar con cuidado las preguntas del entrevistador, haga pausas «sabias» y no conteste como una ametralladora. Los entrevistadores son *profesionales* en el arte de obtener información, no se olvide de eso. Si usted se desboca contando todo lo que sabe de la empresa donde estuvo trabajando, deducirán que no es confiable y que ¡hará lo mismo con ellos! Demuestre con honestidad su habilidad para aprender rápido y la disposición de poner al servicio su experiencia.

Pregunta número tres: ¿Es usted un buen candidato para esta empresa? En otras palabras, más bien en otras preguntas: Describa el ambiente laboral donde se siente cómodo. Tome en cuenta el tipo de empresa en la que está solicitando trabajo, la descripción de la posición y su habilidad para adaptarse y laborar en colaboración con otras personas. Sea realista y sabio.

¿Cómo cree que un amigo suyo le describiría a usted?

Tras este tipo de pregunta lo que yace es que el entrevistador desea saber sus valores como persona. Sea honesto, pero use un poco de poder al pronunciar las palabras para que le ayuden a describir el concepto que un amigo de usted tiene.

¿Sabía que le pueden preguntar algo así: Podría decirme cuáles son sus puntos débiles? ¡Que no cunda el pánico! Respire profundo, haga una pausa y diga algo así como: «Bueno, creo que mi gran debilidad es que si no veo un asunto terminado y con la calidad que requiere no estoy a gusto; pues tengo el problemita que no me doy por vencido hasta que termino algo que he empezado y me gusta cerrarlo bien».

Aunque suena un poco negativo, ¿sabe qué?, usted lo tornó en positivo.

Le sugiero que ensaye respuestas para este tipo de preguntas porque, si no está preparado, le harán pasar un mal rato. Bien dice el refrán: «En guerra avisada no muere soldado».

Realmente la clave del éxito en una entrevista de trabajo es saber escuchar, esto no lo dude ni por un instante.

De nada sirve que esté bien preparado en las otras áreas como las de su resumé, apariencia personal, experiencia, etc., si a la hora de la entrevista contesta a lo loco porque quiere demostrar todo lo maravilloso que es usted. ¡No!, actúe con calma, mire que de por sí ya está nervioso. No eche a perder esta única oportunidad por carecer de la sabiduría que hay en saber *escuchar*. Dependiendo de la manera en que ponga atención a las preguntas, podrá contestarlas; y de eso *depende* si le dan o no el empleo. Piénselo…

PREGUNTAS QUE USTED PUEDE FORMULARLE AL EMPLEADOR DURANTE LA ENTREVISTA

Como todo asunto en que está involucrada la comunicación existen dos vías. Ya hablamos de las preguntas del empleador, pero usted también tiene derecho a cuestionar. Cuando voy al médico llevo mi «lista de dolores» para no perder mi tiempo y, seamos honestos, con tanto corre corre de hoy en día es mejor no darle todo el crédito a su «memoria de elefante». Una listita de preguntas para la consulta es muy oportuna, claro que cada vez que voy a ver a mi doctora mi lista como que crece con los años o cambia de tema.

Lo mismo se aplica cuando usted va a una entrevista de trabajo. Recuerde que es una decisión muy importante y por ello antes de dar una respuesta al empleador, si toma o no el trabajo, es mejor que haya sido después de que le haya dejado claras sus dudas y respondidas todas las preguntas. No pierda de vista que usted firmará un contrato con esa empresa y debe estar seguro de lo que está haciendo. En ciertas posiciones esos contratos tienen implicaciones legales.

No es asunto de que yo no lo sabía o si no le parece deja «olímpicamente» el empleo y aquí no ha pasado nada. No se equivoque mi amigo, los empleadores toman en cuenta el grado de «rotación» en los trabajos, y es mejor un resumé que arroje datos como madurez y estabilidad en los empleos que ha tenido, no que estuvo seis meses en uno, tres en otro y hasta días en el último!

No podemos negar que debido a la situación del mundo hay mucha rotación; pero hay casos, que sí los hay, en que las personas tuvieron temor de preguntar durante las entrevistas y después las cosas no les salieron como suponían. Mi amigo, a la hora de tomar decisiones tan serias como la de un trabajo, las suposiciones no sirven nada más que para complicarnos la vida. No tema, pregunte, es su vida y el futuro suyo y el de su familia el que está en juego.

Algunas de esas preguntas las vemos a continuación:

✧ ¿Cuáles son las responsabilidades propias de la posición?(Mencione la posición a la cual está optando.)

✧ ¿Cómo voy a ser supervisado?

✧ ¿Cómo voy a ser evaluado?

✧ ¿Hay posibilidades de recibir entrenamiento en el futuro?

✧ ¿Cuáles son las metas de la compañía?

✧ ¿Existen posibilidades de ascenso?

✧ ¿Cómo es un día típico de trabajo?

✧ En el horario que me ofrecen, ¿está establecido mi tiempo de almuerzo y recesos de descanso en medio de la jornada?

✧ ¿Cuánto es el salario y cómo pagan?

✧ ¿Cuáles son los beneficios?

✧ ¿Seguro de salud, dental, visión, de vida?

✧ ¿Vacaciones, días de enfermedad y días festivos?

Usted y solamente usted conoce sus metas y objetivos; por lo tanto, estas sugerencias acerca de preguntas durante la entrevista puede que se hayan quedado cortas. Analice bien su propósito y haga su lista conforme a su realidad y expectativas.

¡Ojo!, cuando el entrevistador le indique «X» cantidad de salario, si es más de lo que esperaba no salte de alegría. Manténgase ecuánime. ¿Quién le dice a usted si por lo que vale para la compañía le ofrecen un poco más?

Así mismo si no le ofrecen lo que esperaba, no reaccione negativamente. Usted no sabe si sólo están midiendo su manera de reaccionar.

¡Uno nunca sabe! Es mejor que se mantenga en una posición profesional. Esto no es asunto de emociones, sino de inteligencia y discernimiento.

PREGUNTAS ILEGALES EN UNA ENTREVISTA DE TRABAJO

Si bien es cierto que el propósito de una entrevista personal es conocer más de usted, todo tiene su límite y un código profesional para conducir las entrevistas. En el capítulo anterior le di algunos ejemplos de posibles preguntas por parte del empleador, pero no todo es blanco o negro en la vida y siempre por desdicha hay personas que son entrevistadores pero que no conocen realmente su posición. Por eso no se miden al preguntar cosas que no deben trayendo como resultado situaciones incómodas para el entrevistado.

Usted no está obligado a contestar todo lo que le pregunten. Se sabe que necesita el trabajo, pero también que tiene el suficiente juicio para saber cuándo una pregunta está dentro de lo profesional y cuándo no.

De nuevo esto no es ley, pero los ejemplos que voy a darle serán como sus «luces rojas», las que tendrá que tomar en cuenta.

Preguntas acerca de su vida personal. Las leyes prohíben discriminar a una persona por su raza, origen, edad, sexo o religión entre otras cosas.

El entrevistador no debe preguntar qué edad tiene usted ni cuándo es la fecha de su nacimiento. Si es lo suficientemente profesional sabrá que es contra la ley o si es lo suficientemente inteligente podrá darse cuenta con sólo verle.

El entrevistador no debe preguntarle sobre los planes futuros de su familia, si desea o no tener más hijos. Eso es asunto suyo y de nadie más.

Tampoco tiene usted obligación de ventilar su vida en cuanto a su estado civil o sus preferencias. Por ejemplo, cuando le digan: «¿Cómo va a hacer con el cuidado de los niños?» No se le ocurra dar detalles como lo hará, sólo limítese a contestar: «No se preocupe, señor, eso ya lo tengo debidamente resuelto».

Cuando esos «baldes de agua fría» vengan sobre usted, tome una actitud seria, correcta y trate de desviar la pregunta tomando el control de la entrevista y volviendo al tema profesionalmente. ¿Cómo? Por ejemplo puede decir: «¿Podría explicarme de nuevo su pregunta? ¿Está usted pensando que esta situación (lo ilegal que el entrevistador preguntó) afectaría mi trabajo con usted? Déjeme aclararle que soy una persona con experiencia y muy interesada en ejercer mi profesión». En todo momento haga énfasis en sus habilidades y deje claro que usted sabe lo que está haciendo y por qué está ahí ese día y a esa hora.

Nunca pierda los estribos. Es más, usted puede expresar que esa pregunta le incomoda y que no desea contestarla. Si va más allá de lo estrictamente profesional, está en su perfecto derecho de hacerlo.

Al final de cuentas es usted quien decide si toma o no ese trabajo.

Recuerde que uno mismo es el que traza esa delicada línea que se llama respeto. Si al mismo momento de la entrevista su empleador trata de pasarse de la raya, es mejor que lo piense dos veces si está dispuesto a trabajar con un tipo de persona que ni siquiera conoce lo que es el respeto a la privacidad y el espacio de los demás. Su jefe es sólo eso, su jefe, no su dueño.

No me canso de decirle que aun cuando su empleador sea un encanto de persona y le trate con respeto, nunca traspase la línea. Mantenga su distancia y tendrá mejores frutos.

Sea agradecido por su manera tan profesional y hasta delicada de tratarle a usted, pero no se sobrepase y honre ese trato con respeto, siendo un buen empleado y no poniéndolo en situaciones desagradables.

Veo que muchas personas creen que porque su jefe los trata bien son iguales; como seres humanos sí, pero no pierda de vista las jerarquías ni el orden de comando. Su jefe es su jefe, no lo olvide. Quiéralo, respételo y hónrelo.

Cuando vaya a una entrevista de trabajo es mejor que esté preparado para todo... Pero no olvide que es usted quien marca los límites.

CAPÍTULO 28

El proceso de evaluación

Todo en la vida lleva un orden y la evaluación para una posición de trabajo que dé como resultado la selección del futuro empleado no es la excepción. En este proceso hay varias etapas a evaluar:

La primera etapa consiste en:

⬦ **La solicitud.** Llenar la solicitud. Por favor, no deje ningún espacio en blanco. El entrevistador evalúa en esta etapa si usted es capaz de seguir todas las instrucciones. Si le pide que llene la casilla, llénela; no ponga una equis. Evite los tachones, así como usted es nítido para su apariencia personal al momento de la entrevista, sea de igual forma llenando su formulario. Lleve todos sus datos y no cometa la imprudencia delante del entrevistador de llamar a su tía o a su amigo para pedir alguno. Eso se ve horrible. Por ello es que recomiendo que tenga un resumé actualizado. Recuerde, es su banco de datos personal y una herramienta valiosa.

◇ **Resumé.** Tomarán en cuenta su resumé, de esto ya hemos hablado. Este documento es como su carta de presentación. Sea cuidadoso en su elaboración.

◇ **Chequeo de su récord policial.** Usted debe estar dispuesto a pasar este requisito.

Algunas compañías, en esta etapa de la evaluación, requieren que se someta a un examen de drogas, otras sin embargo lo hacen más adelante.

◇ **Revisión de sus referencias.** Antes de escribir los nombres de las personas que elige para que den referencias suyas, tenga la cortesía de pedirles autorización y comunicarles que usará sus nombres en los formularios. Conozco casos que como no alertaron a las personas que darían las referencias, no supieron qué decir dando como resultado situaciones incómodas.

◇ **La entrevista preliminar.** A veces estas entrevistas son por teléfono. Cuando usted está buscando empleo, no deje que sus niños contesten el teléfono. Mantenga sus números de teléfonos disponibles para que lo puedan ubicar.

Durante esta entrevista telefónica mantenga una manera correcta de conducirse: hable con claridad, esté atento a lo que le preguntan y trate a su interlocutor con respeto y cortesía. Procure realizar la entrevista en un lugar donde no haya interferencias ni ruidos pues estos le impedirán responder adecuadamente, ya que le robarán la atención.

La segunda etapa:

✧ Un examen específico sobre el trabajo.

✧ Un test de conocimientos.

✧ Una prueba de habilidades.

✧ Un análisis de drogas (algunas lo hacen antes, esto puede variar).

Última etapa:

✧ La evaluación final.

✧ La entrevista final.

✧ Examen médico, este ocurre después de haberle hecho la oferta de empleo.

De nuevo estos son los pasos o etapas básicas en el proceso de solicitud y selección para un empleo. Cada compañía tiene su manera particular de hacerlo, según el tipo de empresa que sea o producto o servicio que ofrezca.

La labor de buscar trabajo no sólo consiste en llenar solicitudes y ya. Debemos estar preparados mental, emocional, física y profesionalmente para este proceso que nos pone a prueba. Pero no de desanime. Sólo sea metódico, organizado y disciplinado, pues sin esos elementos no podrá salir exitoso de la tarea. ¡Adelante!

Nota: Como en esta etapa de la búsqueda de empleo usted habrá asistido a más de una entrevista, le sugiero que tome nota de los diferentes procedimientos de evaluación de las compañías con las que ha tenido la oportunidad de solicitar un puesto. Eso le ayudará a estar más en forma. Siempre hay que verle el lado positivo a las cosas, sáquele provecho a esta experiencia.

CAPÍTULO 29

Cómo establecer una red de contactos

E l tiempo de la búsqueda de empleo sin duda alguna nos pone a prueba, especialmente a nuestra fortaleza interior. Es casi como lanzarse a una candidatura presidencial. Por ello es tan importante saber lidiar con una entrevista. Antes de conseguir un trabajo está el proceso de la entrevista, pero para ello debemos establecer una red de contactos y procedimientos.

Casi siempre a lo primero que recurrimos es a nuestros contactos personales, entre los que están antiguos compañeros de trabajo, familiares, amigos, maestros, consejeros y conocidos.

Al comunicarles acerca de su búsqueda de empleo provéales una copia de su resumé, de modo que puedan entregarlo a un empleador potencial sin pérdida de tiempo y así vaya usted ganando tiempo en el proceso de selección de candidatos.

Los medios de comunicación como:

- ✧ Los periódicos de mayor circulación.

- ✧ Los periódicos especializados.

- ✧ Los periódicos comunitarios.

- ✧ Los anuncios de la radio (por ejemplo, en los segmentos radiales como el mío anuncio los empleos).

- ✧ Comunicados de prensa televisivos.

- ✧ Bolsas de empleo de las emisoras de radio locales.

- ✧ Internet

- ✧ Boletines

Otros medios públicos son:

- ✧ Pizarras en las iglesias, escuelas, universidades, supermercados, oficinas públicas.

- ✧ Las agencias de empleo gubernamentales.

- ✧ Las agencias de empleo privadas.

- ✧ Yendo directamente al lugar (tocando puertas).

◇ Las ferias de empleo.

◇ Los reclutamientos.

◇ Los especialistas en buscar empleo.

◇ Las agencias comunitarias.

Usted no debe descartar ningún medio para buscar empleo.

Le recomiendo que siempre tenga a mano una copia bien presentada de su resumé, claro, que esté actualizado. Y también otra copia por si acaso en una de sus incursiones se le presenta la oportunidad de llenar una solicitud.

Mantenga el récord de sus contactos, así estará al control de los lugares y fechas en los que solicitó un puesto. La organización es clave en este momento. De esto le hablaré en detalle en el siguiente capítulo.

VÍSTETE PARA TRIUNFAR

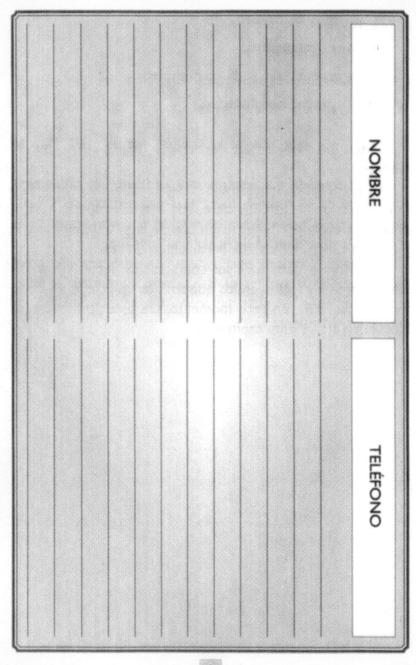

NOMBRE

TELÉFONO

158

CAPÍTULO 30

Cómo llevar el control de sus entrevistas

En otro capítulo mencioné la importancia de la organización. Durante este «tramo» del camino al éxito ser organizados es determinante. Poder tener el control de las entrevistas de trabajo nos ayuda a sentirnos un poco menos tensos. Sobre todo porque al momento en que uno de los empleadores nos llame no vamos a estar como perdidos, pues no sabemos ni quién nos está llamando, eso queda y se ve horrible.

En esta etapa de su vida su capital de trabajo es su tiempo y los recursos económicos al estar sin empleo son limitados, por lo tanto debe cuidarlos más que nunca para que puedan ser su soporte hasta que halle el nuevo empleo.

Hemos oído hasta el cansancio que el desordenado trabaja el doble y yo diría sin exagerar que hasta el triple, pues como nunca sabe dónde tiene los papeles escarba como una gallina y en vez de solucionar las cosas las enmaraña más.

Llevar el control de las entrevistas es sencillo. Para lograrlo compre una libreta sólo para eso y dibuje un cuadro en el que anote toda la información relativa a ese control. Esa es la herramienta que necesita, no para guardarla, sino para que le dé seguimiento a su labor conquistadora.

Permítame contarle una anécdota. Como de costumbre, a mis estudiantes les enfatizo que esta situación de desempleo es pasajera; pero que si quieren acortarla deben armarse de valor, creatividad y humildad para escuchar y poner en práctica algunos consejos útiles que les ayuden a salir adelante.

Una vez estaba enseñando una clase cuyo tema era este de cómo llevar un control de las entrevistas de trabajo. Entre los asistentes había uno medio incrédulo que me miraba con cara de sorprendido. Al mismo tiempo pude leer en su rostro que no creía práctico esto de llevar un control de las entrevistas. «Para qué si ya había asistido a muchas y aun no lo llamaban de ninguna» fue su comentario. Esa persona había asistido al seminario no porque estuviese desempleada sino porque deseaba conseguir algo mejor…

Después que terminé de hablar me dijo: «Señora Morales, ¿sabe qué? Sólo por «tantear» voy a hacer lo que usted me dice. Nunca había oído esto y a mí me gusta desafiar las cosas nuevas que oigo. No estoy seguro que resulte, pero lo voy a probar y a comprobarle si esto que dice funciona», y se despidió de mí.

«Bueno», me dije a mí misma, «siempre hay gente desafiante, esto será también positivo para mí como instructora. Así sabré si le dio o no resultados».

Pasaron los días y hasta se me olvidó el «reto» de este participante, pero una mañana recibí una llamada que me asustó:

—Señora Morales, estaba usted en lo cierto, me tomé el tiempo para poner en práctica lo que dijo hace dos meses en su charla y resultó.

Mi neurona de turno empezó a sacudirse. De repente reconocí la voz y le dije:

—¿A cuál de las tantas cosas que hablo en mis charlas se está refiriendo?

Y él contestó:

—Señora Morales, la de la famosa tabla del control de las entrevistas.

Respiré profundo y agregué:

—Cuénteme cómo fue.

Y me dijo muy alegre:

—Pues figúrese que después de que salí de su aula de clases me puse a elaborar el dichoso cuadro de las entrevistas, tal y como me dijo. Haciendo memoria fui apuntando las entrevistas más recientes y guardé la libreta en un lugar donde pudiera encontrarla fácilmente. Es más, saqué una fotocopia para llevarla en mi cartera por si acaso me llamaban a mi celular... Pasó el tiempo y ¿sabe usted que uno de los empleadores con los que había tenido una entrevista de trabajo hacía tres semanas me llamó y me sentí superbien cuando saqué mi papel y me referí a él por su nombre, el nombre de la compañía y la fecha de la entrevista? Sé que él quedó impresionado por mi organización ya que el día que me citó para la entrevista final me lo mencionó. Señora Morales, siga enseñando este asunto del cuadro de «control» que sí funciona.

¿Qué cree? Si él estaba contento, yo casi me subo al asiento a bailar de alegría. Me sentí feliz pues sé que estas cosas que he aprendido en mi entrenamiento laboral como especialista de Recursos Humanos —para lo cual tuve que ir a la escuela a certificarme—, no las comparto en mis seminarios por el mero deporte de decir cuánto conocimiento tengo; sino porque he entendido el valor que tienen y lo necesarias que son a la hora de buscar empleo.

Por ello le pido que tenga un espíritu enseñable y tome en cuenta las sugerencias de este libro. Las he escrito con amor y con el propósito de que supere esta etapa de desempleo lo más rápido posible.

¿Cuándo hice mi contacto?	Nombre, teléfono, dirección, fax de la compañía	¿Qué trabajo estuve buscando?	¿Con quién hablé?	¿Cuál fue su respuesta?	¿Qué pensé de esto?	¿Cuál es mi próximo paso?
1						
2						
3						

CAPÍTULO 31

Cómo manejar el estrés

Son muchas las causas que provocan un nivel de estrés elevado en la gente de hoy. Dicen los expertos que la causa principal es cuando ocurre la pérdida de uno de los cónyuges, sobre todo por la muerte de uno de ellos. Sin embargo, los divorcios o el rompimiento de relaciones, también contribuyen con esta condición. Así podríamos seguir enumerando muchas más, pero la búsqueda de empleo es también una descarga de estrés increíble.

Es muy probable que lo que le voy a decir no sea nada que usted no haya oído antes, pero tal vez las sugerencias que le voy a dar son hábitos que antes no decidió implementar en su vida, pero que ahora sí lo hará.

El estrés no siempre es malo, existe el causado por «buenas razones» por decirlo de alguna manera. Por ejemplo, cuando tenemos que rendir un examen en la universidad nos estresamos estudiando, pero el resultado de nuestro esfuerzo es un fruto positivo.

Lo bueno de esto es que somos seres pensantes que poseemos voluntad para decidir si el estrés nos controla a nosotros o si nosotros lo controlamos a él. No es nada fácil, pero se puede.

Me he fijado en un detalle: casi siempre que tengo estrés es porque no he organizado mi día. A muchas personas les pasa lo mismo y tal vez ni se dan cuenta.

Un manera real y efectiva de bajar nuestro nivel de estrés es emplear la organización, seguir una estructura, una secuencia y de esta manera tener el control de nuestro tiempo y de nuestras agendas. Cada día debe usted organizar su itinerario, sino este se transformará en una caja de grillos o usted estará como un escarabajo enredado en un madeja de hilo. ¡Qué le parece? ¡Pero así es!

La actividad física es una herramienta que ayuda a combatir el estrés y si combinamos el ejercicio físico con la organización, le garantizo que ya no andará como un bombero apagando incendios; como por ejemplo, reconectando teléfonos, pagando multas viejas en los tribunales, etc., etc. Una vez que tenga programada una agenda del día, sus pagos, citas importantes y actividades de cualquier índole le hará sentirse en control y por lo tanto con una carga de estrés mucho más baja.

La persona desorganizada pierde tiempo, energía, dinero y motivación ya que se la pasa nadando en su propio desorden. No es tan simple como la frase que dice: «Es que yo soy así, medio distraído, y todo lo confundo». Le tengo una noticia:

Toda mi vida he sufrido de distracción. ¿Cree que hubiese podido lograr mis sueños sin una estructura, un programa, una agenda? Por supuesto que no, tengo razones para escudarme en mi bajo nivel de atención, pero debido a que conozco mi condición me ha tocado disciplinarme y esforzarme mucho más que los demás.

Ojalá el estrés sólo se quedara en eso. Pero cuando todo sale al revés, debido a la desorganización, la persona se frustra y puede venir algo más grave y peligroso como lo es la depresión.

Así que lo mejor es decidir «apostarle» a la vida y tomar la primera determinación: organizarnos.

La segunda, sólo para empezar, es una rutina de ejercicios aeróbicos. Simplemente caminar aunque sean veinte minutos diarios. Eso le da a su vida beneficios insospechados que con gran alegría irá experimentando. Sólo dese la oportunidad y esfuércese por veintiún días, que es lo que toma establecer un hábito en su vida.

La tercera es «mirar» lo que comemos. Comer es una actividad muy diferente a alimentarse, así es que la clave es alimentarse con inteligencia no sólo con el paladar o la vista. Hoy en día hay tantas comidas saludables que lucen y saben exquisito.

Poquito a poco irá disciplinando su cuerpo, sus hábitos, toda su vida. ¿Perfecta? ¡No! ¡Sólo camino a la excelencia!

Comience con estas sugerencias sencillas y prácticas que le he dado, son sólo la llave para una vida con mucho menos estrés. El resultado después de organizarse, hacer ejercicios y alimentarse adecuadamente es que podrá descansar. Cuando una persona tiene la mayoría de sus asuntos bajo control, puede dormir tranquila y, por ende, estará relajada y al mismo tiempo alerta para continuar tomando sus decisiones.

La etapa de buscar empleo es solamente eso, una etapa; pero da lugar para convertirse en un manojo de nervios. Claro que se justifica que esté ansioso, pero no se deje dominar por eso. La ansiedad es más o menos como un caballo que quiere correr a su paso y desenfrenadamente y es ahí cuando su jinete se encarga de la situación para frenarlo obligándolo a seguir por donde él le indica. Si usted no frena la ansiedad, esta irá camino al estrés y le llevará a la depresión.

¡Decídase a disfrutar su vida organizada y saludablemente! ¡Dele un golpe definitivo al estrés, échelo de su vida, adelante! ¡Usted puede!

CAPÍTULO 32

Cómo manejar situaciones de acoso en el trabajo

¿Qué es el acoso? Es cualquier tipo de acercamiento o presión tanto física como verbal —no deseada por quien lo sufre—, que surge de la relación de empleo; y da como resultado un ambiente de trabajo hostil que impide realizar a cabalidad las tareas asignadas.

El acoso se presenta en variadas maneras: chistes de doble sentido, piropos, miradas y gestos sensuales y hasta lascivos. El acoso puede ser de dos tipos: moderado y fuerte.

El acoso moderado se manifiesta de modo verbal. Puede empezar sutilmente mediante llamadas telefónicas, notitas y cartas, hasta que llega al punto en que se le hacen a la persona acosada invitaciones para salir con la consecuente presión para mantener contacto sexual.

El acoso fuerte se traduce en el descarado manoseo, el acorralamiento, las presiones tanto físicas como emocionales para lograr encuentros sexuales.

Todo esto es una forma de violencia que la pueden sufrir tanto las mujeres como los hombres, aunque suele ser más común que la experimenten ellas. Esta situación atenta contra la seguridad de quien la sufre, ya que estar en un trabajo bajo tal presión es algo tan terrible que desajusta los nervios.

Es triste ver cómo las personas que tienen jerarquía se aprovechan de los que están bajo su mando para acosarlos de esta manera. Cuando suceden estas cosas y persisten, lo ideal es que la víctima recurra al departamento de Recursos Humanos de la empresa en caso de que exista. Pero, ¡ojo! La víctima de cualquier tipo de acoso debe documentar con fechas y hechos concretos cuando suceden esos «avances». Con las pruebas en la mano, la persona cobra seguridad a la hora de llevar su caso ante las autoridades pertinentes. No es lo mismo presentarse ante una autoridad divagando, sin describir bien el caso, con dudas o vacíos al respecto y con los nervios en peores condiciones aun, que con las pruebas argumentadas con las debidas fechas y los hechos registrados en una libreta con toda la verdad por delante. También es posible que requiera presentar testigos de los hechos.

Algo sumamente importante a la hora de detectar el acoso o prepararse para presentar su caso es que guarde la mayor discreción posible. No se ponga a comentar con Raymundo y todo el mundo lo que le está pasando. Eso lo pone en desventaja y a la vez lo debilita, ya que pone sobre aviso al ofensor.

El acoso sexual, por ejemplo, puede hacer que la víctima deje su empleo. Por eso es tan importante *conocer los procedimientos legales para denunciar este tipo de abuso.*

Estas situaciones son muy difíciles y delicadas. Sin embargo, por ello es crucial que desde el primer momento en el que crea que aparecen, no las deje pasar. Es decir, no se «enganche» en jueguitos «dizque» inocentes por parte de algún supervisor o aun de un trabajador al mismo nivel suyo. Al contrario, encienda sus luces de alerta; infórmese en cuanto a qué hacer, pero por lo pronto mantenga la distancia, establezca los límites con cortesía y evite a toda costa salir del plano profesional.

Evite a toda costa:

◇ Situaciones en las que tenga que estar a solas —y fuera de las horas de oficina— con su agresor potencial.

◇ Que su agresor entre en conversaciones personales. Jamás lo deje que trascienda el plano de supervisor a amigo o confidente, esto le pone en desventaja.

◇ Que el agresor potencial le haga chistes. No se los permita de ningún tipo, ni rosa ni mucho menos colorados.

◇ Participar en chismes.

◇ Mostrar que le halagan los cumplidos ajenos al aspecto laboral y hasta con estos muéstrese cauteloso.

◇ Los acercamientos que invadan su espacio vital.

✧ Vestirse inadecuadamente. Revise si su falda es más corta de lo que debe ser o si su escote es muy revelador. Aunque no lo haga adrede, hay que cuidarse de ese tipo de personas maliciosas. No deje ningún detalle sin atender.

✧ Le dé un «aventón» ni a la parada de bus, menos a su casa.

✧ Las llamadas por teléfono a su casa o a su celular. Este último no tiene por qué dárselo a su jefe o supervisor, es más, hágale saber que sólo lo usa para las emergencias con *su familia*.

✧ Participar en las famosas «happy hours» después de sus horas de trabajo. Nada se le ha perdido ahí y si espera conocer a alguien para entablar relaciones serias, ese es el peor lugar.

El lugar de trabajo no es para hacer amigos. Si puede tener la bendición de hallar alguno, como yo que encontré a mi amiga Sophie, es algo bueno. Sin embargo, no vaya a la oficina o ambiente laboral con esa expectativa. ¡El lugar de trabajo es para TRABAJAR!

No le estoy motivando a que se ponga a la defensiva, sino a estar prevenido cuando reciba señales de que alguien en su trabajo ha empezado a tomarse atribuciones que no le corresponden o bien ha empezado a traspasar e ignorar los linderos de lo profesional.

No crea que en mi oficina no suceden cosas que a uno no dejan de sorprenderle, pero tengo como regla de oro no «engancharme», por ejemplo, a la hora de almuerzo en chistes de doble sentido. Eso abre una puerta peligrosa para que me falten el respeto. Algunos compañeros, de manera un poco venenosa, me llaman la monja. A veces los oigo susurrar: «Cállense que ahí viene Hada o la monja». Eso me tiene sin cuidado. Dondequiera que esté, no voy a ser parte de la vulgaridad; si me cuesta que me marginen, ¡pago el precio! Para ser amable y parte del grupo no hay que ser vulgar.

Con amabilidad se puede dar por sentado que no le agrada ese tipo de comportamiento. Además, sin palabras se les puede hacer saber que usted no será parte de esa tertulia.

Lo que nos puede proteger de cualquier tipo de acoso en el trabajo es mantenernos en el plano estrictamente profesional así como también conocer las leyes que rigen las relaciones laborales y que nos benefician.

CAPÍTULO 33

Elabore un presupuesto

El asunto del dinero es algo que muchas veces enciende pasiones, acaba con relaciones y trae desastres a la vida del ser humano. El dinero no es tan frívolo y superficial como la mayoría de las personas creen. Es un elemento que aun cuando no es el más importante, es determinante en la vida de las personas.

Todo aquel que no sabe administrar sabiamente el recurso dinero estará más tarde o más temprano en grandes problemas. Eso es igual para asalariados como para aquellos que tienen grandes fortunas.

Usted al igual que yo habrá oído de personas muy ricas que acabaron en la calle o de otros que nunca llegan «sanos y salvos» a fin de mes, pues a pesar de tener un salario adecuado para cubrir sus necesidades no han aprendido a distinguir entre «lo que necesito» y lo «que quiero».

Cuando usted establece sus prioridades es muy probable que después tenga para darse gustos, pero debe ser en ese orden. Es emocionante el día de pago, es más, todo mundo lo espera con alegría, entre los cuales me incluyo yo. Es una sensación de novedad, pero no podemos hacernos los locos sino respirar profundo y tomar en cuenta primero nuestras obligaciones. Lo siento, quisiera que fuese de otro modo, pero así es.

Veamos algunas reglas de oro para dormir en paz:

1. *No gaste más de lo que gana.* Las tarjetas de crédito son la llave perfecta para hacernos sentir que podemos darnos ese «gustito», pero de gustito en gustito la cuenta sólo se va inflando y se vuelve impagable.

   Usted no tiene que lucir al último alarido de la moda, como le he explicado antes, siendo compradores inteligentes, creativos, organizados, cuidadosos y nítidos podemos lucir siempre bien y esperar hasta que podamos adquirir algo que hoy no podemos pero que será posible en un momento determinado sin tener que enredarnos en deudas. Las tarjetas de crédito son un buen recurso cuando tenemos una emergencia, por ello es bueno adquirirlas y mantenerlas limpias lo más que podamos.

2. *Tener crédito lo proyecta a usted como una persona confiable, pero no se sobrepase.* Usted puede tener las deudas que pueda manejar, hay unas saludables

como la compra de una propiedad, el carro que es necesario, a veces préstamos para estudios. Pero no todo lo que queremos tener es justificación para endeudarse.

3. *Aprenda a no codiciar lo que otros tienen.* Más bien observe por qué son exitosos en las finanzas, tal vez están haciendo algo correcto y sabio que usted debería adoptar. Hay ciertos tipos de profesiones en que la persona creativa sale adelante de los demás. No envidie al que la tiene, mejor tómelo como modelo.

4. *Revise con frecuencia su situación financiera,* no haga lo del avestruz que mete la cabeza en un hoyo. Eso lo terminará de hundir.

   Mi esposo se ríe de mí pues siempre estoy revisando el saldo de mi cuenta de cheques y lo comparo con el presupuesto que tengo para «gastar» en el mes. Dice que parece que llevo la contabilidad de una gran empresa. Pero yo ya conozco de sobra mis limitaciones con las matemáticas y he tenido que aprender a ser una compradora consciente, dicho sea de paso, ha sido un aprendizaje duro pero ahí voy.

5. *Mantenga una reserva.* Aun sabiendo que lo que gana le da para más, no lo gaste todo. Si no tiene su casa propia porque está empecinado en que debe ser así o asá pero hoy sólo tiene presupuesto para un apartamento, cómprelo, no pierda más tiempo. Cuando gane su plusvalía le dará para la casa de sus sueños. Tener una propiedad es una manera de ahorrar y también una reserva.

6. **No sea egoísta,** siempre que pueda dé a aquel que necesita. Ser generoso es una cualidad que le traerá sólo buenos resultados.

7. **Diseñe su propio modelo de presupuesto.** Tómelo sólo como punto de partida. Es importante que sea más específico. Sólo usted sabe cuáles en realidad son sus gastos, esto le puede ayudar a tener una idea precisa al respecto.

MANEJANDO UN PRESUPUESTO

¿QUÉ VOY A PAGAR CON MI PRIMER CHEQUE?

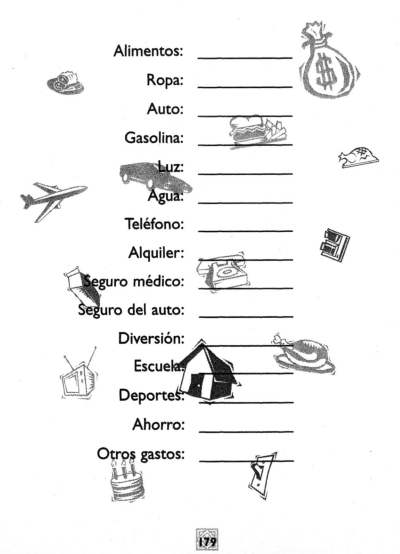

Alimentos: _____

Ropa: _____

Auto: _____

Gasolina: _____

Luz: _____

Agua: _____

Teléfono: _____

Alquiler: _____

Seguro médico: _____

Seguro del auto: _____

Diversión: _____

Escuela: _____

Deportes: _____

Ahorro: _____

Otros gastos: _____

Palabras con poder

Antes de concluir quiero presentarle una lista de palabras que le serán de gran utilidad a la hora de la entrevista (aunque también son útiles para una vida mejor), especialmente cuando tenga que hablar de sí mismo. Sea honesto en el sentido de no «atribuirse» cualidades que no posee, pues permítame recordarle una vez más que el entrevistador no es tonto y tiene un sexto sentido para detectar mentiras.

No crea que porque el mundo está patas arriba y pareciera que sólo la gente falta de integridad triunfa, todos son iguales. No, no se engañe, gracias a Dios todavía queda un remanente de seres humanos, de empleadores, que aprecian y *buscan valores en sus futuros empleados.*

Revise bien el anuncio del empleo y vea cuáles de estas palabras de poder, que menciono adelante, pueden aplicarse; por ejemplo: si va a trabajar en una posición de servicio al cliente, hágale saber al empleador que usted es una persona enérgica y que tiene capacidad para trabajar bajo estrés. Estos departamentos de servicio al cliente [costumer services] no son precisamente para elogiar a la compañía, el que llama lo hace para resolver tal o cual problema. Yo los llamo «el departamento de ferretería», pues por lo general sólo hay «clavos» que resolver.

Si está solicitando una posición en la que tiene que trabajar con varias personas, destaque que usted sabe y puede trabajar en equipo.

Bueno, sólo por darle algunos ejemplos, vayamos al grano.

Soy:

✧ Leal

✧ Creativo

✧ Trabajador en equipo

✧ Confiable

✧ Respetuoso de la jerarquía

✧ Considerado

✧ Puntual

✧ Práctico

✧ Sincero

✧ Amable

✧ Receptivo al humor

✧ Enérgico

✧ Perseverante

✧ Apto para aprender rápido

✧ Adaptable

✧ Dispuesto a ayudar a otros

✧ Flexible (en caso de que tenga que viajar o trabajar diferentes horarios)

Además de lo anterior, usted es todo lo que *está consciente que es* y *que puede ser* en beneficio de la compañía.

Le aconsejo que se aprenda todas esas palabras de memoria, pero que sólo utilice las que realmente *sabe* que es y que le pueden servir a la hora de la entrevista.

Conclusión

Ya usted está listo para enfrentar las oportunidades que se presentan cada día. No hay excusas. Tiene todos los elementos necesarios para conquistar lo que se proponga en la vida. Anótese en el equipo de los campeones. Los que ven las adversidades como oportunidades para ser más que vencedores y que han aprendido a manejarlas para su provecho. Los que ven el día medio claro y no medio nublado. Los que ven el vaso medio lleno y no medio vacío.

Con esta obra, espero y confío que aprenda a asumir una actitud de triunfador. En ella hemos visto las diversas etapas de preparación que debe cumplir el que busca empleo para lograr las metas que se plantee.

Como a este punto de la lectura sabemos, esa preparación consiste de aspectos tanto internos como externos. Su acondicionamiento personal es muy importante ya que si no es el adecuado, aunque le presenten la oportunidad de empleo en bandeja de plata, usted sencillamente la perderá antes de asegurársela. Se le suma a esto las características del empleador así como también las pertinentes al proceso y esa preparación que podríamos llamar técnica, que debe asumir con mucha responsabilidad, para optar a la posición que desea alcanzar.

Así que vaya por lo suyo. La oportunidad espera por usted. ¡Conquístela!

Acerca de la autora

Hada María Morales nació en Nicaragua y trabaja como Coordinadora de Información para South Florida Workforce, una rama del Departamento de Trabajo en Miami, Florida. Se desenvuelve en el campo de los medios de comunicación y participa en segmentos de radio y televisión ayudando a las personas con su imagen profesional y recursos de empleo.

Entre sus labores está la de servir como un «puente» entre los que ofrecen empleo y los que lo buscan, lo que le ha brindado la oportunidad de poder ver y trabajar con las dos caras de la moneda.

Hada María también ha sido entrenada para ayudar a los que buscan empleo preparándolos tanto en lo que respecta a su actitud como a la apariencia personal. La imagen es un asunto muy serio.

Su función como consejera laboral es respaldado por su experiencia y por sus estudios en el área de Recursos Humanos, elementos que le ayudan a desenvolverse mejor tanto en el campo laboral como en los medios de comunicación masiva. A través de estos Hada María ofrece oportunidades de empleo así como consejos oportunos y prácticos para que el que aspira una posición tenga las «herramientas» necesarias. Quizás esa sea la única oportunidad de una entrevista de trabajo que se le presente, por lo que debe aprovecharla al máximo, como para que el empleador lo considere para emplearlo.

Obviamente este no es el primer libro acerca del tema escrito en la historia de la humanidad. Pero está escrito tomando en cuenta los conocimientos y experiencia de la autora. La obra se enfoca de manera clara y sencilla en el ser humano en ese tiempo difícil que es la búsqueda de empleo. El énfasis principal es que debe cambiar su manera de pensar cual desempleado y *pensar como empleador*. Sólo así podrá desempeñarse exitosamente: conociendo la manera en que piensa y lo que espera el empleador.

Pero más allá de la preparación profesional de la autora, hay un corazón de servicio que día a día se da a la tarea de ayudar al desempleado con los recursos disponibles y a veces buscando casi hasta debajo de las piedras para que esa persona que llegó doblada bajo el peso de no tener cómo llevar el pan a su mesa salga de la pequeña oficina de Hada María con una actitud diferente: con esperanza, ánimos y más de un recurso de empleo.

Ella entiende perfectamente su posición como empleada de una agencia gubernamental, aunque no escatima esfuerzos para correr la milla extra y desempeñar —desde su esquinita en el universo— su posición como mujer del reino.

Concluimos recogiendo las palabras de la autora con esa manera muy particular que la caracteriza:

«Sé que no estoy inventando el agua hervida con este libro, aunque puedo decirles que está escrito con el amor y la solidaridad que siento por el desempleado dándole esperanza y herramientas para que conquiste esa etapa, como suelo decirles en los seminarios que dicto y en mis segmentos de radio semanales. De modo que sea una etapa pasajera de la cual salgan lo más rápido si y sólo si se esfuerzan, son valientes y aprovechan los recursos disponibles.

»Este libro recoge en sus páginas mis experiencias en vivo desde el "campo de batalla", peleando cara a cara con el dolor de no tener empleo, tomando una actitud determinada para infundir ánimos a aquellos que van a mi oficina desesperados y tristes porque no saben qué hacer para conseguir un empleo y pagar la renta, comprar alimentos, llenar el tanque de gasolina y más. Yo no soy la "superempleadora", pero sé que Dios me respalda y cada mañana que me siento tras mi escritorio le pido que bendiga mis manos con recursos para poder bendecir a otros, y ¿saben qué? Él nunca me ha dejado en ridículo ni con las manos vacías.

»Me gusta pensar en mí como que si fuera una cuchara. Este es un utensilio maravilloso, que tiene múltiples usos; pero si no hay una mano que la mueva es sólo eso, un utensilio. Soy como esa cuchara que lleva dosis de aliento y recursos a los que me buscan para que los ayude en ese tiempo difícil.

»Por ello puedo decir con certeza que si bien es cierto este tema no es original, la forma en que lo abordo sí lo es, a pesar de que no puedo dejar de lado ciertos conceptos técnicos aprendidos en mi entrenamiento como profesional en Recursos Humanos. Así que, como suelen decir: "Si hay alguna similitud, es pura coincidencia".

»Sólo deseo que Dios me siga abriendo puertas para ser de verdadera utilidad para usted, y que no olvide nunca que *alguien le está mirando y ese puede ser su futuro empleador*».

Está casada con Roger Morales y tienen cuatro hijos, Roger, Rodrigo, María Alexandra y Valerie.

Para comunicarse con la autora puede escribirle a

www.hadaresponde.com